FELIPE II, LA TERCERA VÍA Y LA MONARQUÍA UNIVERSAL

Rivero Rodríguez, Manuel

Felipe II, la tercera vía y la Monarquía Universal / Rodríguez-Salgado, M. J., pr. Universidad de Valladolid. Cátedra Felipe II, ed. Ediciones Universidad de Valladolid, 2024

131 p. ; 18 cm. Colección "Síntesis" (Universidad de Valladolid. Cátedra "Felipe II") ; 22

ISBN 978-84-1320-278-5

1. Felipe II, Rey de España. 2. España - Historia - 1556-1598 (Felipe II). I. Valladolid: Universidad de Valladolid, Cátedra Felipe II.

94(460).042:94(100)
94(100):94(460).042

CÁTEDRA «FELIPE II»

MANUEL RIVERO RODRÍGUEZ

FELIPE II, LA TERCERA VÍA Y LA MONARQUÍA UNIVERSAL

PRÓLOGO DE M. J. RODRÍGUEZ-SALGADO

COLECCIÓN «SÍNTESIS» XXII

EDICIONES
Universidad de
Valladolid

En conformidad con la política editorial de Ediciones Universidad de Valladolid http://www.publicaciones.uva.es/), este libro ha superado una evaluación por pares de doble ciego realizada por revisores externos a la Universidad de Valladolid.

© Manuel Rivero Rodríguez. VALLADOLID, 2024
© EDICIONES UNIVERSIDAD DE VALLADOLID

ISBN: 978-84-1320-278-5
Dep. Legal: VA 168-2024
Preimpresión: Ediciones Universidad de Valladolid
Imprime: Gráficas Angelma.

Índice

Prólogo

"Adhæc quum nullus princeps tam prophanus sit, ut ab Euangelij profeßione sit alienus … Itaque non doctor est Euangelij Cæsar, sed propugnator, fateor, sed interim par est non ignorare quale sit, pro quo sumis arma"[1].

En la dedicatoria que hace Desiderio Erasmo a Carlos V de su *Paráfrasis al Evangelio de San Mateo* (enero de 1522) quedaba clara su convicción de que era imposible separar la política y la religión. La autoridad de todo soberano legítimo emanaba de Dios, quien había determinado y velaba por la jerarquía que imperaba en la Cristiandad. A cambio, el soberano tenía el deber de defender y velar por la Fe y por ello no podía ignorar o desconocer los Evangelios. El estatus cuasi-religioso de un soberano se reflejaba, como también apuntaba el humanista, en los solemnes rituales de su coronación o aclamación cuando se comprometía públicamente a defender el cristianismo. No había unanimidad respecto a si su deber se limitaba a los territorios bajo su autoridad o alcanzaba a todos los territorios en general, salvo

---

[1] *Paraphrasis in Euangelium Mattheir [Matthaei], per D. Erasmum Roter nuc primum nata & edita. Epistola nvn cupatoria ad Carolvm Cæsarem. Exhortatio ad studiu/ Eua/gelicæ lectionis. Epistola ad R. D. Matthæum Card. Sedum.* Coloniæ: Soter, 1522. https://www.digitale-sammlungen.de/en/view/bsb11004502?page=1. La frase entera: "Sed hic fortaße decet aliquis, qui te non alio titulo quàm Cæsaris nouit, quid hoc argumentum ad p/phanum principem, quod magis conueniebat, abbatibus, aut episcopis consecrare? Primum mihi uidetur apte datum, quicquid honestum offertur Christiano principi. Adhæc quum nullus princeps tam prophanus sit, ut ab Euangelij profeßione sit alienus, Cæsares in hoc unguntur & consecrator [consecrantur], ut euangelicam religionem uel tuteantur, uel sarciant, uel propagene. Itaque non doctor est Euangelij Cæsar, sed propugnator, fateor, sed interim par est non ignorare quale sit, pro quo sumis arma".

en el caso del emperador. El César era la principal potencia seglar, el brazo armado de la Iglesia universal, y por eso era especialmente importante que se familiarizara con los libros sagrados.

Aun así, es evidente que el humanista sentía la necesidad de justificar su decisión de dedicar el Evangelio a un príncipe laico y no a un eclesiástico, y de facilitar el acceso del mundo seglar a los Evangelios. Esto se consideraba un ataque contra del monopolio que la iglesia reclamaba de mediar en el acceso del hombre a Dios. Erasmo se había hecho famoso por sus críticas de los abusos de la iglesia y necesitaba la protección de los poderes laicos. Esto pudo influirle a la hora de dedicar la obra al emperador pese a que había perdido su pensión y oficio áulico en la corte del príncipe en 1518, algo que Rivero Rodríguez atribuye en estas páginas a sus desavenencias con el Gran Canciller, Arborio Mercurino de Gattinara. Gattinara, como ya demostró este autor en diversas publicaciones, apostaba por una política agresiva para establecer lo que él entendía por *Monarchia* bajo Carlos V. La Monarquía –para darle su forma castellana– implicaba establecer al emperador como el más potente príncipe cristiano y no simplemente el que detentaba el título más honroso. Un soberano superior a cualquier otro estamento, laico o eclesiástico, con autoridad inapelable que utilizaría para imponer orden y paz en una Republica Cristiana profundamente competitiva y con una marcada propensión a la guerra[2]. Los papas habían reclamado la Monarquía para la Santa Sede por siglos y no estarían los coetáneos de Carlos V más dispuestos a ceder su auto-proclamada superioridad al emperador que en el pasado.

Erasmo tenía el mismo objetivo de eliminar la guerra entre cristianos, pero partía de otra base: la sociedad de príncipes. Reconocía que Europa estaba compuesta por estados en gran parte principescos, muchos de los cuales –incluso los poderosos reinos de Francia, Inglaterra y los Hispanos– no admitían una autoridad política superior,

---

[2] Especialmente, Manuel Rivero Rodríguez, *Gattinara, Carlos V y el sueño del Imperio* (Madrid: Sílex, 2005): https://www.academia.edu/13069930/GATTINARA_CARLOS_V_Y_EL_SUE%C3%91O_DEL_IMPERIO.

aunque seguían respetando la jerarquía honorífica de títulos. Aceptaron la autoridad espiritual superior del papa a cambio de ejercer cierto poder sobre la Iglesia en sus estados, beneficiándose de sus tesoros financieros y espirituales. Para Erasmo, como explicó claramente en el manual que redactó para educar al entonces príncipe Carlos en 1515, la paz solo se conseguiría si se reformaban y regulaban las relaciones entre los príncipes cristianos, manteniendo y respetando su relativo poder, territorios e independencia[3]. Cualquier intento de someterlos a una Monarquía provocaría oposición y conflicto ya que equivalía a la hegemonía, algo incompatible con la libertad que se habían forjado y que consideraban injusto e ilegal.

La Paráfrasis del Evangelio gozó de un gran éxito pero no hay indicios de que Carlos V la leyera. No era un gran lector ni este era un tipo de lectura que le entusiasmara[4]. Tampoco, insiste Rivero Rodríguez en sus diversos estudios, leía los memoriales de Gattinara, aunque se ha pensado que reflejaban su ambición política. Al parecer, le aburrían[5]. Pese a la presencia de muchos seguidores de Erasmo en la corte imperial, entre ellos oficiales hispanos como los hermanos Alfonso y Juan Valdés, no fue hasta octubre de 1526 cuando se intentó reintegrarle a las filas de los 'imperiales'. Manuel Rivero Rodríguez comienza este libro con una carta de Gattinara a Erasmo en la que le encarga una nueva edición de un libro de Dante Alighieri titulado *Monarchia*[6]. Esta obra de Dante, publicada *circa* 1313, circulaba en

---

[3] Desiderius Erasmus, *Institutio principis christiani* (1516) [Educación del príncipe cristiano]. Reforzó estos argumentos en *Querela Pacis* (1517).

[4] Lo hubiera hecho en francés, además, posiblemente algo parecido al manuscrito de la Bibliotèque Nacionale en Paris, BNFr, Mss Français 934, René Fame, *La Paraphrase de Erasme de Rotredan sur l'Evangile [selon] sainct Mathhieu* (1539) (sic.) http://archivesetmanuscrits.bnf.fr/ark:/12148/cc511912, o *Les paraphrases d'Erasme divisées en deux tomes, dont le premier contient l'Exposition des quatre Evangelistes, & des Actes des Apostres. Nouvellement translatées de latin en françoys* (2 tomos, Basle: Frobenn Editores, 1563), tomo I.

[5] Fue uno de los datos sorprendentes de su biografía de Gattinara y se repite aquí, Rivero Rodríguez, *Felipe II, la tercera vía y la Monarquía Universal*, p. 19.

[6] Rivero Rodríguez, *Felipe II, la tercera vía...*, p. 17 cita la carta en latín y castellano de la edición: *Erasmo de Rotterdam, Opus Epistolarum/ The Complete letters of Erasmus*, ed. Stanford Allen (Oxford: Clarendon Press, 1906), vol. 6, 470-1, n. 1790a.

diversas ediciones corruptas. En ella elaboraba sus teorías del poder superior del emperador, a quien defendía contra el papa y sus pretensiones de detentar la autoridad superior en la Cristiandad[7]. No es esto lo que más le interesa a Rivero Rodríguez, sino la alusión de Gattinara a la existencia de un "tercer grupo" en la Cristiandad, clave del novedoso argumento central de este libro: que existió un hilo conductor que Rivero Rodríguez denomina la "tercera vía" desde la publicación de [la] *Monarchia* de Dante hasta 1558.

La "tercera vía" que el autor atribuye a Gattinara era una "solución a la crisis religiosa iniciada en 1517 que no pasaba por las manos del Papa ni por las de los protestantes". Liderada por el emperador, "situaba a Roma y a los protestantes en términos de equidistancia", con el fin de restablecer la paz[8]. No obstante, en la introducción Rivero Rodríguez ofrece otra definición, especificando que no era equidistante "sino diferente" de los dos bandos contrarios. Esto, en mi opinión, es precisamente lo que Gattinara expresa en su carta a Erasmo de 1526, pues en ella deja muy claro su intención de eliminar al grupo luterano en cuanto las circunstancias lo permitieran. Además, en medio de una guerra entre el emperador y el papa, era evidente que quería el libro de Dante para atacar a la Santa Sede, y de ser posible, someterla al poder del emperador. Así lo comprendió Erasmo, que respondió reiterando su posición: "nunca me he unido a ninguna facción" y marcó aún más distancia describiendo su fin como estrictamente didáctico, limitado a iluminar al cristiano y asistirle a buscar su salvación[9].

Afirma Rivero Rodríguez que al morir Gattinara en junio de 1530 "la tercera vía quedó muerta"[10], pero insiste en que las ideas

---

[7] *Obras Completas de Dante Alighieri*, ed. Nicolas González Ruiz (Madrid: Biblioteca de Autores Cristianos, 1965), 2ª ed., versión castellana de José Luis Gutiérrez García sobre la interpretación literal de Giovanni M. Bertini. Erasmo no cumplió. Se publicó la conocida como *editio princeps* en 1559.

[8] Rivero Rodríguez, *Felipe II, la tercera vía...*, p. 25.

[9] Rivero Rodríguez, *Felipe II, la tercera vía...*, p. 29, nota 43, carta n. 1700, Erasmo de Rotterdam, vol. 12, 179, carta a Gattinara, 26 de abril 1527.

[10] Rivero Rodríguez, *Felipe II, la tercera vía...*, p. 42.

fundamentales del "proyecto imperial" del Gran Canciller no desaparecieron. Las identifica con las obras y actividades de humanistas como los hermanos Alfonso y Juan Valdés y en los populares emblemas de Alciato. Las detecta en el discurso de Carlos V en Roma en 1536 y en el cónclave de 1549. Es precisamente en el contexto de 1549 cuando de nuevo aparece la tercera vía de modo explícito y con otro sentido pues la define el autor como una apuesta por "la reconciliación con los protestantes"[11]. De ser así fue efímera, ya que atribuye a la elección de Pablo IV en 1555 su fin: "La tercera vía estaba completamente clausurada"[12]. Esto fue el resultado, como explica en estas páginas, tanto de conflictos entre corrientes espirituales como de luchas por el poder entre dinastías y estados italianos, y entre el papa y los Habsburgo. A la vez, Rivero Rodríguez atribuye el toque final de la tercera vía a Felipe II y la decisión del rey en 1558 de apoyar la represión contra los que intentaran encontrar un acuerdo entre el catolicismo y los protestantes: "Ahí se liquidó toda posibilidad de paz religiosa en Europa y la tercera vía quedó olvidada en el trastero de la Historia"[13].

Fue precisamente la invitación que se hizo a Rivero Rodríguez para impartir el LIII Curso de la *Cátedra Felipe II*, de la Universidad de Valladolid, lo que le hizo reflexionar sobre este tema y le permitió ver, como explica en su introducción, que todo lo que había escrito hasta entonces apuntaba en esa misma dirección. Concuerda su juicio sobre Felipe II con el que nos han ofrecido reconocidos expertos como Martínez Millán y Parker[14], pero da un paso más en esta dirección al declarar que fue Felipe II quién "liquidó toda posibilidad de paz religiosa en Europa", y que lo hizo en parte porque había logrado imponerse como el rey más potente de la cristiandad[15]. A la vista de

---

[11] Rivero Rodríguez, *Felipe II, la tercera vía...*, p. 66.
[12] Rivero Rodríguez, *Felipe II, la tercera vía...*, p. 107.
[13] Rivero Rodríguez, *Felipe II, la tercera vía...*, p. 105.
[14] Por ejemplo, José Martínez Millán, "El confesionalismo de Felipe II y la Inquisición", *Trocadero. Revista de Historia Moderna y Contemporánea*, 1994, 105-124; o Geoffrey Parker, especialmente *El Rey Imprudente. La biografía esencial de Felipe II* (Barcelona: Planeta, 2015).
[15] Rivero Rodríguez, *Felipe II, la tercera vía...*, p. 15.

las múltiples guerras con un fuerte componente religioso que asolarían el continente Europeo por un siglo, esta es una carga de envergadura. Valga recordar, no obstante, que, pese a las guerras supuestamente "religiosas", se luchó por muchas otras razones, y que jamás se abandonaron los esfuerzos por la paz tanto a nivel ideológico como práctico. Hubo tantas paces como guerras, aun si el acuerdo sobre la doctrina de la justificación –la divergencia doctrinal más importante entre los católicos y protestantes– no se consiguió hasta el 31 de octubre de 1999.

Es un reflejo del prestigio de la *Cátedra Felipe II* que inspira a tantos participantes a reflexionar sobre sus aportaciones anteriores, impulsándoles a llegar a nuevas hipótesis. En este caso, se logró convencer a este catedrático de Historia Moderna de la Universidad Autónoma de Madrid a retomar épocas e ideas a las que había dedicado un numero ingente de publicaciones, antes de que los virreinatos de la Monarquía Hispánica y el reinado de Felipe IV ejercieran su potente atracción en tiempos más recientes, como se puede ver por la impresionante colección de publicaciones de este prolífico autor[16]. En este libro nos ofrece un amplio abanico de datos y comentarios; de conclusiones e hipótesis sugerentes y novedosas, que sin lugar a duda suscitarán muchos debates sobre la política de Carlos V y Felipe II. Además nos invita a reflexionar sobre temas tan importantes y vigentes como la ambición de la hegemonía, el impacto del dualismo ideológico (sea o no religioso), el peligro que supone la fusión de la política con una ideología excluyente, y la dificultad de encontrar una "tercera vía" en un mundo profundamente polarizado.

M. J. Rodríguez-Salgado
University of Oxford & The London School of Economics and Political Science

---

[16] https://uam.academia.edu/ManuelRivero ;
https://dialnet.unirioja.es/servlet/autor?codigo=21825;
https://portalcientifico.uam.es/es/ipublic/researcher/259337 .

Introducción

Este trabajo refunde distintas investigaciones que he realizado a lo largo de mi carrera en una sola. Cuando recibí el encargo de la cátedra Felipe II me di cuenta de que diversos temas que investigué en el pasado tenían un hilo que los comunicaba, abarcando una cronología muy clara, que vinculaba los primeros pasos de Felipe II como soberano con la tercera vía, ideada por el Gran Canciller Mercurino Arborio di Gattinara. Esta "tercera vía" era una solución a la crisis religiosa iniciada en 1517 que no pasaba ni por las manos del Papa ni por la de los protestantes, era una solución que tampoco era equidistante sino diferente y fundamentada en origen en la tradición gibelina. Es una línea que aparece y desaparece, que tan pronto aflora como discurre entre las sombras pero que siempre asomaba como posibilidad en momentos críticos, después del Saco de Roma en 1527, tras la campaña de Túnez en 1535, después de Mülhberg en 1547 y por último en 1554 cuando Felipe II fue coronado rey de Inglaterra y se procedió a reformar ese reino en una dirección que no fue precisamente la marcada por Roma. Aquí, exploraremos la suerte de esta idea formulada por el Gran Canciller en un encargo a Erasmo de Rotterdam y que, treinta y cinco años después, se cerró con el proceso al cardenal Carranza. Ahí se liquidó toda posibilidad de paz religiosa en Europa y la tercera vía quedó olvidada en el trastero de la Historia.

Son muchas las personas a las que quiero expresar mi gratitud, a Mia Rodríguez Salgado, Santiago Fernández Conti, Carlos de Carlos Morales y Henar Pizarro Llorente porque sin sus investigaciones sobre la transición de Carlos V a Felipe II no hubiera sido posible escribir este libro. Otros amigos, Félix Labrador y Eloy Hortal Muñoz, aunque no investigaran este periodo me han ayudado a abrir los ojos respecto a temas que también se tocan de una manera u otra en este trabajo. A José Martínez Millán quien me enseñó a Felipe II y, last but not least, a Alberto Marcos Martín y Carlos Belloso Martín por su invitación y por la cálida acogida que recibí en Valladolid. A ellos, en última instancia, se debe la existencia de este pequeño libro.

Capítulo I

La tercera vía o el difícil arte de conciliar erasmismo y gibelinismo

Entre monarquía universal y concordia cristiana

"Multa sunt, mi Erasme, quae te scire cuperem; ea tamen scribet Valdesius. Naetus sum his diebus libellum Dantis, cui titulum fecit Monarchia, suppressum, ut audio, ab his qui eam usurpare contendunt. Quo nomine mihi aliquantulum arridere cepit; deinde aliquibus locis delibatis, placuit ut cunque auctoris ingenium. Cuperem ut, cum in rem Caesaris faciat, libellus in publicum exeat. Quia tamen scriptorum vitio corruptus est, opera precium me facturum existimaui, si eum ad te mitterem teque rogarem ut, dum per ocium licebit, libellum legas, et si res digna tibi visa fuerit, castigatum typographo excudendum tradas. Nullus enim in nostra hac tempestate est cui hanc melius prouintiam demandare possim. Tuum erit libellum vel emittere vel supprimere: id enim tuo committo iudicio. Vale"[17].

---

[17] "Saludos cordiales. Hay muchas cosas, querido Erasmo, que me gustaría que supieras, pero Valdés escribirá sobre ellas. Hace poco conseguí una obrita de Dante, a la que dio el título de Monarquía. Dicen que fue suprimida por gente que quería apoderarse del gobierno monárquico. Por eso me interesé por primera vez en la obra. Después, cuando leí algunos pasajes, quedé profundamente impresionado por el talento del autor. Me gustaría que se publicara el libro, ya que sería útil para la causa del emperador. Sin embargo, los copistas lo han dejado en un estado corrupto, así que pensé que valdría la pena enviártelo y pedirte que lo leyeras cuando tengas un momento libre. Luego, si crees que vale la pena, podría corregirlo e imprimirlo. No hay nadie en la actualidad a quien quisiera confiar esta tarea. Dependerá de ti publicar o enterrar el libro. Dejo la decisión en sus manos. Hasta la vista". Erasmo de Rotterdam, *Opus Epistolarum / The complete*

El Gran Canciller Mercurino Arborio di Gattinara escribió esta carta a Erasmo de Rotterdam en marzo de 1527, según parece porque había caído en sus manos el texto *De Monarquía* de Dante y creía que era el momento oportuno para darlo a conocer y difundirlo. No parece que esta lectura fuera accidental. Cuando indica el deseo de todo el mundo por saber, haciendo referencia a su secretario personal, Alfonso de Valdés, hallamos una sutil alusión a la intervención de la Cancillería Imperial para que la Universidad de Lovaina no examinase ni censurase la obra del roterodamense. Valdés había redactado un decreto, prácticamente dictado por Erasmo, al que Gattinara dio curso y fue emitido por el emperador para bloquear la pretensión de algunos teólogos de prohibir los escritos erasmistas y retirarlos de la circulación. Con Europa conmocionada por las predicaciones de Lutero, los teólogos de la Iglesia católica comenzaron a reaccionar y a perseguir todas las voces críticas fijándose en primer lugar en el humanista[18]. En su carta, el Gran Canciller le emplazaba de manera amable pero firme a editar *De Monarchia* pues el latín de Dante era inadecuado e impuro y debía ser revisado por un experto. La propuesta era un intento de comprometerle definitivamente con el bando imperial en la contienda con el papado.

Erasmo no hizo el encargo. No hay respuesta y no aparece ningún rastro del proyecto de edición de Dante en los epistolarios y cartas que publicó en vida[19]. Pero tampoco quedó libre de su asociación al proyecto imperial, porque no sólo tuvo que estar agradecido por librarse de la censura de Lovaina, también en España la Cancillería imperial bloqueó un proceso iniciado en Salamanca para condenar sus escritos. Bataillon y otros historiadores piensan que el humanista pudo

---

letters of Erasmus, ed. Stanford Allen (Oxford: Clarendon Press, 1906), vols. 6, 470-471 (n° 1790a.).

[18] Lu Ann Homza, «Erasmus as Hero, or Heretic? Spanish Humanism and the Valladolid Assembly of 1527», *Renaissance Quarterly (Renaissance Soc. of America, New York)*, 50.1 (1997).

[19] Marcel Bataillon, *Erasmo y España* (México: Fondo de Cultura Económica, 1976), pp. 251-53.

esquivar el encargo de editar a Dante con elegancia, sin irritar a sus patronos con una cortés negativa. También se ha escrito que la Cancillería imperial abandonó el proyecto porque tras el Saco de Roma en mayo de 1527 esa publicación era inoportuna. Pero la realidad no fue esa, el proyecto se difirió porque en abril Gattinara dimitió, abandonó la Corte y se fue de España[20].

No obstante, el vínculo entre la Cancillería y el humanista no se cortó. Se mantuvo gracias a la presencia en el séquito imperial del secretario privado del Gran Canciller, Alfonso de Valdés. Probablemente ambos se conocieron en Alemania en 1516 y ya en 1520 encontramos a Valdés en la nómina de la Casa del Gran Canciller redactando cartas latinas y no será hasta 1525 cuando emerja como una de las plumas más señaladas al servicio imperial. Gattinara, por su parte, era un antiguo servidor del emperador Maximiliano que había entrado en la Corte imperial justamente para erradicar o combatir las ideas del círculo de humanistas flamencos, erasmistas, que rodeaban a Carlos V. El 12 de julio de 1519, tras conocerse en Barcelona la elección de Carlos V como emperador por la Dieta alemana, Gattinara escribió un largo escrito que se ha considerado, desde que Brandi "descubrió" ese texto, el plan maestro de la construcción del Imperio de Carlos V[21].

Puede decirse que esa interpretación resultó algo exagerada, si bien dio lugar a amplios debates sobre la idea imperial en el pasado. Como ya he mostrado en diversas publicaciones anteriores, el problema es que los textos de Gattinara no los leyó el emperador, le aburrían, y de ello se da cuenta en diversas cartas y testimonios.

Gattinara no fue muy tenido en cuenta en la Corte de Carlos V, no sólo por ser un elemento extraño, impuesto desde fuera sino también por sus achaques, su mala salud y sus frecuentes depresiones que lo alejaban con demasiada frecuencia del trabajo en el consejo.

---

[20] Fermín Caballero, *Alfonso y Juan de Valdés. Conquenses ilustres, tomo IV* (Madrid: Oficina tipográfica del hospicio, 1875), pp. 96-97; Bataillon, pp. 269-71.

[21] Karl Brandi, *Carlos V: vida y fortuna de una personalidad y de un imperio mundial* (Fondo de Cultura Económica, 1993), pp. 101-2 y 116-17.

Quienes dominaban la voluntad del emperador eran un restringido círculo de neerlandeses, Guillaume de Croy, Adriaan Floriszoon y Charles de Lannoy[22]. Todos ellos desconfiaban del programa gibelino planteado por el Gran Canciller y se inclinaban por la idea de Cristiandad defendida por Erasmo quien rechazaba la primacía de Italia y la idea misma de Monarquía Universal, creía más bien en un entendimiento entre los príncipes cristianos, objetaba el dominio de uno solo y abogaba por la coexistencia y la concordia entre príncipes seculares[23].

La propuesta editorial era un acontecimiento muy significativo. Hasta ese momento el Gran Canciller no sólo no había sentido interés por la obra del humanista, sino que, precisamente por conocerla bien, lo había expulsado del consejo imperial diez años atrás. Erasmo entró en 1516 en el consejo de Carlos de Habsburgo de la mano del Gran Canciller Jean le Sauvage. Fue reclamado para participar en política, en un momento de fuerte tensión en la Corte de la regente y tutora del príncipe, Margarita de Saboya y la Corte del emperador Maximiliano I. Los neerlandeses resistían la presión ejercida por el padre de la regente y abuelo del príncipe, que exigía que su nieto aceptase recibir el título de Rey de Romanos para poder ser coronado emperador cuando él falleciese. Le Sauvage se oponía alegando que era imposible que el señor de los Países Bajos pudiera gobernar bien distintos estados, en lugares muy alejados, con lenguas y tradiciones diversas, temiendo además ser gobernados desde el extranjero cuando su príncipe ciñese la corona imperial. Erasmo contribuyó a boicotear los planes imperiales siendo en parte causante de que se llegase a una elección abierta tras quedar vacante el trono imperial en 1519[24].

---

[22] Gaudenzio Claretta, «Notizie per servire alla vita del Gran Cancelliere di Carlo V Mercurino di Gattinara», *Memorie della Reale Accademia delle Scienze di Torino*, 47 (1897), 67-147.

[23] Erasmo a Froben sobre "Querella Pacis", julio de 1517, Erasmo de Rotterdam. vol. III n° 602 p. 13.

[24] Carlo Bornate, «L'apogeo della casa di Absburgo e l'opera politica di un gran Cancellere di Carlo V», *Nuova rivista storica*, III.3-4 (1919), 396-439 (pp. 397-98);

Por fortuna para Maximiliano I, en agosto de 1518 falleció el Gran Canciller Jean Le Sauvage, la Corte de su nieto se hallaba bloqueada en Zaragoza, en un ambiente hostil y aislada. Guillermo de Croy y Adriaen Floriszoon pidieron ayuda al emperador y éste puso dos condiciones, que su nieto Carlos aceptase ser coronado rey de romanos y que un hombre de su confianza, Mercurino Arborio di Gattinara, que entonces tenía 53 años, reemplazase a Le Sauvage. Cuando Erasmo supo esto también supo que sería expulsado de la Corte, como así fue, y que cesaría la generosa pensión de la que gozaba, como así fue también. Erasmo y el erasmismo se eclipsaron del entorno de Carlos de Habsburgo, el erudito roterodamense tuvo que buscar protectores y salario como apreciamos en las cartas escritas a sus amigos Tunstall[25], Pace[26] y Warham[27] pidiendo empleo en Inglaterra. Esto se ve con claridad en su ofrecimiento para aconsejar al rey Enrique VIII a quien señala como único soberano al que ahora se podía servir[28].

Puede decirse que, desde el 15 de octubre de 1518, fecha de la toma de posesión del Gran Canciller, la vida de Erasmo de Rotterdam discurrió muy lejos de la Corte imperial y que la Cancillería Imperial era cualquier cosa menos erasmista. Entre 1522 y 1524 Erasmo publicó sus paráfrasis a los cuatro evangelios dedicando cada una a un monarca distinto, Carlos V, Enrique VIII de Inglaterra, Francisco I de Francia y Fernando I. Con ello vinculaba las sagradas escrituras a la concordia

---

Cornelis Augustijn, *Erasmo de Rotterdam. Vida y obra* (Barcelona: Galaxia Gutemberg, 1990), p. 82.

[25] "Meus Cancellarius periit in Hispaniis: unde spei nostrae summa pendebat" Lovaina 22 de octubre de 1518, Ibidem. vol. III, p. 424 nº 866.

[26] "Extincto cancellario nihil est quod sperem a nostris" Lovaina 23 de octubre de 1518, Ibidem. vol. III, p. 425 nº 877.

[27] "Habes tragoediam calamitatum mearum: ad quas et illud accessit, quod principis nostri Cancellarius in Hispanis diem suum obiit, unde spes omnis in his regionibus pendebat; unum enim hunc habebam ex cusimo faventem" Lovaina 24 de octubre de 1518, Ibidem. vol. III, p. 431 nº 893.

[28] Carta a Enrique VIII, Amberes 15 de mayo de 1519, ibidem. vol. III nº 964, p. 578, a pie de página, el editor Allen indica que Erasmo encajó mal el despido de la Corte de Carlos de Habsburgo, como un hombre que hubiera perdido su mundo.

entre los príncipes y, sobre todo, apuntaba al emperador para que renunciase a la Monarquía Universal. Justamente en la dedicatoria de la paráfrasis del evangelio de San Juan recordaba que el emperador había leído con provecho su *Institutio Principis Christiani* insistiendo en que la armonía y el acuerdo eran las vías para alcanzar la paz y la concordia universales. Esto mismo se reafirmaba en otra carta escrita en enero a Fernando de Austria. Estos escritos están en las antípodas de lo que en ese momento hacían y escribían Alfonso de Valdés y Mercurino Arborio di Gattinara en la *Relación de las nuevas de Italia: sacadas de las cartas que los capitanes y comisarios del Emperador y Rey nuestro Señor han escripto a Su Majestad: assí de la victoria contra el rey de Francia como de otras cosas allá acaecidas: vista y corregida por el señor Gran Chanciller e consejo de Su Majestad, en marzo de 1525*. Una obra firmada por Valdés, redactada a partir de notas e indicaciones esbozadas por Gattinara, quien corrigió el texto final que fue llevado a la imprenta[29].

Se trata de una interpretación muy interesante de la batalla de Pavía, que tuvo lugar el 24 de febrero de 1525, en la que fue derrotado y hecho prisionero el rey de Francia. El texto señalaba que ya se había eliminado el principal obstáculo para que el emperador se erigiese como único monarca en la tierra. Aquella victoria era un juicio de Dios. La *Corona Mundi* quedaba al alcance de las manos de Carlos V[30].

En consecuencia, el emperador debía viajar a Italia, ser coronado en Roma, convocar el Concilio que reformase la Iglesia y llevar a la Cristiandad a una cruzada que recuperase los santos lugares. Como emperador victorioso se instalaría en Roma para gobernar la Cristiandad "como un solo rebaño, bajo un sólo pastor". Un mensaje que hace que Headley considere a Gattinara como hijo intelectual de

---

[29] Caballero, p. 143.

[30] Memorial de Gattinara dirigido al emperador, septiembre 1525, BRT. Miscellanea política italiana, Ms. 75, 169-176. El emperador siguió este consejo como se expresa en la instrucción dada a Giovanni Bartolomeo Gattinara sobre la pacificación de Italia dada el 6 de noviembre de 1525, ibidem 37-42vº.

Dante ("child of Dante") y que Giuseppe Galasso afirmara que la idea imperial de Gattinara era igual a la de Dante[31].

Hay que subrayar que, desde 1516, Gattinara había repetido incansable e insistentemente esas mismas ideas, que Carlos V las expuso en la Dieta imperial de Worms al hacer suyo el ideal imperial de su abuelo Maximiliano I, expresándolo en la conclusión de su alegato: "Es mi deseo y voluntad que no haya más señores que uno". La victoria de Pavía fue el momento en que ese destino se hacía realidad escribiendo un largo memorial en castellano que determinaba un nuevo orden que pasaba por la coronación imperial en Roma y someter a Francisco I a duras condiciones de sujeción[32].

Pero el viaje a Italia no tuvo lugar y la victoria de Pavía tuvo como resultado el tratado de Madrid, que estaba en las antípodas del enunciado que mencionamos. Charles de Lannoy, los consejeros flamencos y el propio emperador pensaban que la paz les permitiría recuperar sus bienes y estados incautados por Francisco I y restablecer la concordia entre las casas de Habsburgo y Valois. La paz y la justicia universales nacerían de la concordia entre los príncipes, no de la Monarquía Universal que atentaba a su sentido del honor y sus convicciones caballerescas[33].

---

[31] John M. Headley, «Gattinara, Erasmus, and the Imperial Configurations of Humanism», *Archiv fur Reformationsgeschichte*, 71.jg (1980), 64-98 <https://doi.org/10.14315/arg-1980-jg04>; John M. Headley, «Germany, the Empire and Monarchia in the Thought and Policy of Gattinara», en *Das römisch-deutsche Reich im politischen System Karls V.* (De Gruyter, 2019), pp. 15-34 <https://doi.org/10.1515/9783110446319-005>; Giuseppe Galasso, «Lettura dantesca e lettura umanistica nell'idea di impero del Gattinara», en *Carlos V y la quiebra del humanismo político en Europa (1530-1558): [Congreso internacional, Madrid 3-6 de julio de 2000]*, ed. José Martinez Millan (Madrid: Sociedad Estatal de Conmemoraciones Culturales, 2000), pp. 93-114.

[32] "Por obviar a todos los inconvenientes que se podrían seguir de las pláticas y tramas que agora se escriben…" BRT. Miscellanea política del sec. XVI, Ms. 75, 169-176.

[33] José Martínez Millán y Manuel Rivero Rodríguez, «La coronación imperial de Bolonia y el final de la "vía flamenca" (1526-1530)» (Sociedad Estatal para la Conmemoración de los Centenarios de Felipe II y Carlos V, 2001) <https://repositorio.uam.es/handle/10486/1100> [accedido 15 marzo 2016].

A pesar de los cambios introducidos en el séquito imperial en Zaragoza en 1518, el Gran Canciller Gattinara quedó marginado en la discusión de las grandes decisiones en materia de Estado, éstas las tomaba un reducido grupo de consejeros flamencos. De ello dieron testimonio los embajadores extranjeros, el florentino Vettori, el polaco Dantisco y el veneciano Contarini. Todos coincidían al señalar que el emperador estaba "hechizado" por su favorito, Charles de Lannoy, virrey de Nápoles (único caso en el que un virrey pasaba más tiempo en la Corte de su señor que en el reino que debía gobernar)[34]. Gattinara estaba solo, ningún miembro del séquito imperial comprendía o compartía su *Monarchia Universalis*. Según relató él mismo, durante el consejo celebrado el 14 de enero de 1526 para decidir cómo gestionar la victoria de Pavía los consejeros de Estado prorrumpieron en carcajadas cuando les expuso que había signos evidentes de la gracia divina para dar paso a la Monarquía Universal, por lo que debía mantenerse preso al rey de Francia. Sus argumentos fueron despreciados "por escuchar y atender los pronósticos de los astrólogos, pero él replicó que la verdadera astrología y profecía era la que nacía de la prudencia, cuyas partes la componen la memoria de los hechos pasados y la consideración de los presentes, de lo cual podía preverse sin error lo que se avecinaba"[35]. En ese momento, el Gran Canciller hacía gala de su cultura política gibelina, de fuerte raigambre escatológica, pero también era consciente de que sus adversarios en la Corte eran humanistas, seguidores de Erasmo, apegados a un análisis casi gramatical de los hechos en el relato de la Historia.

Los flamencos tenían otros motivos, no deseaban el dominio sobre el rey de Francia sino conciliación. Más allá de su incomprensión respecto a los argumentos gibelinos del Gran Canciller, procedían de

---

[34] Vettori a Nicolás Maquiavelo, 5 de agosto de 1526, Nicolás Maquiavelo, *Epistolario, 1512-1527*, ed. Stella Mastrangelo (Mexico: Fondo de Cultura Económica, 1990), p. 346; Carta de Dantisco a la reina Bona, 6 de mayo de 1527 Antonio Fontán y Jerzy Axer, *Españoles y polacos en la Corte de Carlos V* (Madrid: Alianza Editorial, 1994), pp. 195-96.

[35] Carlo Bornate, «Historia vitae et gestorum per dominum magnum canellarium, con note, aggiunte e docu- menti», *Miscelanea di Storia Italiana*, 48 (1915), 233-558 (p. 317).

casas y linajes vasallos del rey de Francia y su mundo estaba compuesto por los valores caballerescos y feudales de la tradición francesa. El tratado de paz firmado en Madrid el 15 de enero de 1526 dedicaba la mayor parte de su articulado a la restitución de feudos y derechos de las casas de Orange, Nassau, Croy, Fiennes y Vergy. Para afianzar la concordia se procuró negociar matrimonios y proyectar una Cruzada[36].

Como es bien sabido, Francisco I faltó a su palabra, engañó al emperador y sus consejeros y una vez libre denunció el tratado. So pretexto de defender la libertad de la Iglesia el Papa Clemente VII exoneró al soberano francés de cumplir su juramento liderando con él la creación de la Liga de Cognac el 22 de mayo de 1526 a la que se agregaron Milán, Florencia y Venecia. En junio el Papa dictó un breve contra el emperador y en julio Gattinara exhortó a Carlos V a combatir a la Santa Sede, cancelar el edicto de Worms y convocar un Concilio. Se planteaba una tercera vía, liderada por el emperador que situaba a Roma y a los protestantes en términos de equidistancia, solo la Monarquía Universal podría restablecer la paz y la concordia universales.

El proyecto editorial de la Monarquía de Dante

Lannoy viajó a Cognac para persuadir a Francisco I a recapacitar, lo cual aprovechó el Gran Canciller para dar nuevas instrucciones al condestable de Borbón, al mando del ejército imperial en Lombardía, que desde ese momento dependería de la Cancillería imperial en calidad de capitán general de Italia. Temía que Lannoy sacrificase Milán a los franceses para salvar in extremis la paz de Madrid. Así el mando del Norte ya no dependía del virrey de Nápoles. Además, Borbón recibió promesas de que el título ducal de Milán podría serle

---

[36] Capitulaciones del tratado de paz entre el emperador Carlos V y el rey Francisco I de Francia, firmadas en Madrid el 14 de enero de 1526, AHN. Estado, Legajo 2876, expediente 9.

entregado en premio a sus servicios, de modo que era el primer interesado en que la paz fracasase[37].

En paralelo, Lannoy elaboraba su propia estrategia. Dando por descontado que el emperador aprobaría sus actos y decisiones, tras fracasar su embajada en la Corte francesa, viajó a Italia para convencer al Papa. Se inició una ofensiva contenida desde Campania. El 19 de septiembre de 1526 Hugo de Moncada, con el apoyo de la familia Colonna, entró en Roma y saqueó parte de la ciudad, era un aviso a Clemente VII para forzarle a ·negociar. Charles de Lannoy quería hacerle comprender su situación de fragilidad dada la lejanía de los ejércitos franceses, indicándole que era la ocasión para restablecer el *statu quo* previo a la Liga de Cognac. El virrey además se mostró cordial y generoso, accediendo a establecer una tregua mientras durasen las conversaciones de paz[38]. El Gran Canciller malhumorado advirtió que sería burlado de nuevo con una "mala paz" pues era evidente que el Papa solo quería ganar tiempo mientras esperaba la llegada de socorros franceses. Pero, desoyendo las críticas, Lannoy accedió a prorrogar la tregua hasta febrero de 1527. En sus memorias Gattinara apunta que era la ocasión para que Carlos V viajara a Italia. En consonancia con esta idea, Borbón escribió al emperador pidiéndole que viajara a Milán para "confortar" con su presencia a sus súbditos y vasallos[39]. Dicho viaje hubiera desautorizado a "Lucifer",

---

[37] La correspondencia de Lannoy es muy rica en detalles sobre estos asuntos y la mala fe -a su juicio- con que obraba Gattinara, de quien se queja continuamente en sus cartas al emperador como esta fechada en Cognac el 16 de mayo de 1526: "Y el dicho canciller ha hecho cuanto ha podido para ponerme en vuestra mala gracia; lo cual no creo haber merecido ni mereceré jamás, pero me esmeraré en serviros tan bien y lícitamente que quedéis satisfechos, rogando a Dios, Sire, que os dé buena vida y larga vida", Andre Joseph Ghislain Le Glay, *Negociations diplomatiques entre la France et l'Autriche durant les trente premieres annees du XVI. siecle* (Paris: Imprimerie Royale, 1845), pp. 660-61.

[38] François J.F. Marchal, *Histoire politique du règne de l'empereur Charles-Quint avec un résumé des événements précurseurs depuis le mariage de Maximilien d'Autriche et de Marie de Bourgogne* (Bruxelles: Tarlier, 1856), pp. 438-40.

[39] Bornate, «Historia vitae et gestorum per dominum magnum canellarium, con note, aggiunte e docu- menti», pp. 319-42.

nombre coloquial empleado por Borbón y Gattinara en su correspondencia para referirse a Lannoy, y hubiera impedido las negociaciones de paz[40].

Al tiempo que tuvieron lugar estos sucesos se produjo un cambio importante en el seno de la Cancillería imperial. El 1 de octubre de 1526 el Gran Canciller escribió a Erasmo de Rotterdam declarándole su admiración, su devoción y amistad. Le exhortaba a seguir defendiendo sus ideas pues personas de su piedad y "divina erudición" eran necesarias en un momento de hondas tribulaciones donde los hombres de buena voluntad eran escasos. A su juicio la Cristiandad se hallaba dividida en tres partidos, los papistas, los herejes y un tercer grupo de hombres cuerdos que no seguían ni a unos ni a otros, y la pertenencia a ese conjunto de hombres era lo que les unía:

"Pero consideremos un tercer grupo, que es la antítesis exacta de los otros dos, los que sólo buscan la gloria de Dios y el bienestar del Estado. No queriendo que el mal quede sin castigo ni la virtud sin alabanza, y rehusando a ninguna facción, difícilmente pueden escapar a la lengua mordaz de la crítica cada vez que se sienten llamados a decir la verdad. Por lo tanto, si tienes a ambos bandos en tu contra, es algo que hay que lamentar por el bien del país, pero para ti debería ser una fuente de satisfacción saber que tienes a este tercer grupo totalmente de tu lado y siempre cantando tus alabanzas. Su aclamación es gloria. En cuanto a la facción luterana, deseaba que se mantuviera la presión hasta que desapareciera por completo y se corrigieran todos esos otros males. Espero que esto ocurra bajo los auspicios de nuestro emperador"[41].

Este texto es uno de los pocos en los que Gattinara habla de la situación creada por la reforma protestante y sus consecuencias. Era un asunto que nunca le había preocupado y ahora parecía tomar conciencia del desafío de Lutero, la ruptura de la Cristiandad -cuya unidad era precisa para alcanzar la Monarquía Universal- y,

---

[40] El propio Lannoy se quejó al emperador de la enemistad que le profesaba Gattinara y pedía que se desconfiara de sus consejos, Cognac a 16 de mayo de 1526, Le Glay, p. 660.
[41] Carta nº 1757 Erasmo de Rotterdam vol 12, 374-375.

fundamentalmente, la deriva de las disputas teológicas hacia posiciones que subordinaban la política a la religión, teólogos y predicadores sectarios imponían su discurso a la comunidad. El Gran Canciller observaba que, en este contexto, la Monarquía Universal era más necesaria que nunca, Carlos V debía imponer una tercera vía que marcase distancias respecto a papistas y luteranos, era el momento de impulsar un verdadero Imperio Cristiano y el mensaje de Erasmo se acuerda perfectamente a este fin, pues en aquellos momentos había roto su silencio reclamando la unidad de los cristianos como un bien superior. En febrero de 1527, como Canciller de Brabante, prohibió a los teólogos de Lovaina que hablasen o publicasen contra Erasmo, y bloqueó también la condena que preparaba la universidad de Salamanca en ese mismo año. En marzo de 1527 Juan Olivar explicaba a un perplejo Erasmo el mucho amor que le profesaba el Gran Canciller. Le explicaba el enorme esfuerzo que desde la Cancillería se hacía en la defensa de su persona, Valdés en Toledo y Coronel en Sevilla habían logrado que sus respectivos arzobispos apoyaran públicamente al humanista. Además "el canciller, Mercurino Gattinara, habla a menudo de ti con silenciosa reverencia. Recientemente, cuando le hice una visita (estaba enfermo de gota), me preguntó si alguna vez había sido amigo tuyo; cuando le contesté que sí, aunque por poco tiempo, estalló: Entonces, no se equivoque, usted disfrutó de la amistad de un gran cristiano y de un gran erudito, que siempre ha sido un buen amigo mío". Después de decirle esto, Gattinara se puso a escribir una carta a Erasmo y se le invitaba a que escribiese a Alonso Manrique, arzobispo de Sevilla e inquisidor general, así como a Coronel, para animar a quienes eran ya sus más firmes partidarios en la Corte[42].

Erasmo reconocía el apoyo imperial. El 26 de abril escribía al Gran Canciller una extensa carta desde Basilea llena de gratitud, pero distante respecto a la tercera vía: "He intentado despertar a un mundo que se ha dormido en sus ceremoniales farisaicos y devolverlo a la

---

[42] Carta nº 1791, Erasmo de Rotterdam vol.12, 476-478.

verdadera religión. Nunca me he unido a ninguna facción ni he reunido una camarilla a mi alrededor"[43].

Aquí se sitúa el proyecto editorial de Dante. Puede que la carta que Gattinara se dispuso a escribir ante Juan Olivar fuera la invitación a publicar *De Monarchia*. Dicha obra, escrita en 1310 estaba dirigida al emperador Enrique VII que, al poco de ser elegido, se dispuso a marchar a Italia para hacer efectiva su autoridad. Había en este proyecto -o así se pretendía mostrar- una representación del emperador no como cabeza de la facción gibelina sino como pacificador ecuánime e imparcial que iba a poner orden en la Res Publica Christiana. Así, Carlos V se hallaba en vísperas de emprender una acción semejante a la de su antepasado[44].

Este cambio no significa que Gattinara se hiciera erasmista, Erasmo como pensador político no le interesaba, pero su discurso moral era muy útil en la coyuntura que se estaba viviendo. El *Elogio de la locura* contenía argumentos sobrados para deslegitimar a una Curia corrupta e indigna y a un Papado amoral y envilecido. Era útil para justificar la guerra y la hegemonía imperial. Erasmo fue consciente de ello, su *Institutio Principis Christiani* era ignorado en este contexto, pero sus ideas y argumentos sobre las buenas costumbres y la necesaria ejemplaridad de los ministros de la Iglesia que figuran en el *Elogio de la Locura* se iban a utilizar para legitimar una Monarquía Universal que para él seguía siendo sinónimo de "tiranía universal". No obstante, tuvo que resignarse. La junta de teólogos reunida en Valladolid en el verano de 1527 para examinar la obra del humanista no fue sólo una disputa entre erasmistas y antierasmistas. En el debate se vio que ser considerado hereje quedaba en manos de la decisión del emperador y su Consejo. La Sorbona ya

---

[43] Carta n° 1700, Erasmo de Rotterdam, vols. 12, 179.

[44] Anthony Kimber Cassell, Guido Vernani, y Dante Alighieri, *The Monarchia controversy: an historical study with accompanying translations of Dante Alighieri's Monarchia, Guido Vernani's Refutation of the Monarchia composed by Dante and Pope John XXII's bull, Si fratrum* (Chicao: The Catholic University of America Press, 2004); Thierry Ménissier, «Monarchia de Dante : de l'idée médiévale d'empire à la citoyenneté universelle» (L'Harmattan, 2006), pp. 81-96.

había pronunciado censuras a su obra, Lutero execraba sus escritos, así pues, a Erasmo no le quedaba más que la protección imperial para no acabar sus días quemado como hereje[45].

El acercamiento a Erasmo tenía otra virtud, además de aglutinar una "tercera vía" era el camino para estrechar vínculos con las élites castellanas, cuyo entusiasmo por la obra del humanista era bien conocido. El bloqueo que ejercían los flamencos sobre el ánimo del emperador facilitó este acercamiento siendo el Gran Canciller quien abrió las puertas del Consejo de Estado al duque de Alba, el duque de Béjar, el arzobispo de Toledo y otros. Su introducción facilitó una alternativa política donde la política italiana iría de la mano de la hispanización del séquito imperial.

Mientras tanto, en Italia los acontecimientos se aceleraban sin control, Borbón ignoraba la tregua y las negociaciones de paz y avanzaba a buen paso hacia Roma, provocando la consternación de los italianos, Maquiavelo invitado por Guicciardini para pasar una temporada en Bolonia no daba crédito a lo que sucedía, creía que iba a haber una paz duradera y se preguntaba si acaso Lannoy y Borbón no eran ministros de un mismo soberano, pues se comportaban como si lo fueran de dos soberanos diferentes, uno en guerra y otro negociando la paz[46].

En ese momento, Gattinara anunció su renuncia irrevocable y se fue de la Corte. El emperador le dio dispensa para viajar a sus feudos en Italia, pero sin traslucir si había caído en desgracia, si era una misión secreta o qué motivo había detrás de la excusa de poner su vida y hacienda en orden antes de morir. Sabemos que, durante una de sus frecuentes ausencias por enfermedad, la Cancillería sufrió un severo expolio documental, el Gran Canciller presentó una queja y un inventario de los documentos que echaba en falta[47]. El ambiente en la

---

[45] Homza.

[46] Manuel Rivero Rodríguez, *Gattinara, Carlos V y el sueño del Imperio* (Madrid: Silex Ediciones, 2005); André Chastel, *El Saco de Roma: 1527* (Madrid: Espasa-Calpe, 1998).

[47] Nota de lo que se ha expoliado en la Cancillería en ausencia del Canciller, 30 de marzo de 1527, ASV-FAG, mazzo 8, nº 9.

Corte era de máxima tensión. Poco antes de su partida, el embajador veneciano tuvo una charla con él y le explicó que sus astrólogos habían pronosticado que un "hombre jovial" traería la paz, "ese hombre soy yo" le dijo. Pero había una razón oculta. Alfonso de Valdés confió esta inquietud a Maximiliano Transilvano: "¿Qué fin se propone con esto? Creo que no conviene ponerlo por escrito. Permaneceré al lado del César para atender tanto mis propios negocios como los del Canciller"[48].

Gattinara embarcó en Palamós el 29 de mayo de 1527, el 8 de junio desembarcó en Mónaco alojándose allí en el palacio del arzobispo Agostino Grimaldi. Entrado el mes de junio, mientras descansaba en el principado, un correo trajo la noticia del Saco de Roma, ocurrido el 6 de mayo, y le informó "de la muerte del Duque de Borbón y de la toma de la ciudad de Roma, con grandes pérdidas por ambas partes y que en el castillo de Sant Angelo se hallaba prisionero el pontífice con trece cardenales"[49].

En el Saco falleció el condestable de Borbón y Lannoy murió el 23 de septiembre víctima de la peste que asolaba la ciudad como consecuencia de las grandes cantidades de cadáveres insepultos y de la corrupción del ambiente. Carlos V llamó a su Gran Canciller para que regresara lo más pronto posible a su servicio. El 7 de octubre de 1527 se reunieron en Palencia y el emperador expuso a su servidor que no sabía explicar lo sucedido. No sabía explicárselo a sí mismo, ni a sus súbditos y vasallos ni al resto de los soberanos de la Cristiandad. Gattinara más que buscar explicaciones ofreció dos relatos a su señor para que este eligiese el más apropiado:

> 1. "Que (el emperador) no había tomado las armas contra el Pastor sino contra un pertinaz perturbador y saqueador de la Cristiandad, en legítima defensa propia y de los suyos; y como contra un falso pontífice, escandaloso, incorregible, perturbador de

[48] Bataillon, p. 229.

[49] Bornate, «Historia vitae et gestorum per dominum magnum canellarium, con note, aggiunte e docu- menti», pp. 343-47.

todo el Estado y religión cristiana el cual siempre había rechazado el Concilio General tantas veces solicitado y reclamado".

2. "Si César no quisiese abrazar este rigor ni aprobar lo hecho por los suyos, escriba a los príncipes avisando por carta su disgusto por un acontecimiento del que no tenía culpa, manifestando su deseo de poner fin a aquellas guerras y devastaciones con una paz general y que para encaminar dicha paz les proponía la convocatoria de un Concilio General a cuyo juicio se sometería para resolver todos los contenciosos y querellas, tanto temporales como eclesiásticas".

Ya no podía aplazarse el viaje a Italia, debía reemplazar a Lannoy y Borbón por sí mismo, debía entrar en Roma para reorganizar la Cristiandad[50].

Ahora no parecía ser el momento de publicar una edición crítica de *De Monarchia* de Dante. Gattinara autorizó a Valdés a escribir y difundir un vibrante alegato en defensa del emperador, el *Diálogo entre Lactancio y un arcediano*. Un texto que no es de propaganda porque no fue llevado a la imprenta, sino distribuido manuscrito entre el séquito imperial. El enfado del nuncio papal, Castiglione fue bien estudiado por Bataillon y poco puede añadirse al respecto[51]. Pero el temor del nuncio no era tanto que el diálogo se llevase a la imprenta como que circulaban copias sin control. Por todos era leído y por todos comentado. Era un argumentario dirigido a los partidarios del emperador en España e Italia que les ofrecía razones poderosas para defender lo que había hecho su señor sin tener que avergonzarse[52]. El

---

[50] Bornate, «Historia vitae et gestorum per dominum magnum canellarium, con note, aggiunte e docu- menti», pp. 343-47; Jean-Claude Zancarini, «"Questa miseranda tragedia". Le sac de Rome, la providence, la politique», *Cahiers d'études italiennes 19*, 19 (2014), 111-25.

[51] Bataillon, pp. 446-52.

[52] Valdés lo expresó de forma implícita en carta a Castiglione, dando explicaciones "sobre una obrezilla que yo escribí el año pasado respondíle sinceramente lo que en el negocio pasaba y de la respuesta -según después él me dijo- vuestra señoría quedó satisfecha y es la verdad; que nunca yo más la he leído, ni quitado, me han podido cosa alguna en ella; porque mi intención no era publicarla, aunque por la poca lealtad, que en caso semejante

texto, una mezcla erasmista y dantesca, apuntaba hacia la apertura de un tiempo de renovación que recordarían las generaciones futuras "Jesucristo formó la Iglesia y el Emperador Carlo Quinto la restauró"[53].

suelen guardar los amigos, aquellos a quien yo lo he comunicado, lo han hecho tan mal guardado que se han sacado más traslados de los que yo quisiera" Pier Antonio Serassi, *Delle lettere del conte Baldessar Castiglione* (Padova: Giuseppe Comino, 1771), vols. 2 171-172.

[53] Ana Vian Herrero, *El diálogo de lactancio y un arcidiano de Alfonso de Valdés : obra de circunstancias y diálogo literario: Roma en el banquillo de dios* (Toulouse: Presses Univ. du Mirail, 1994); Xavier Tubau, «Alfonso de Valdés y la política imperial del canciller Gattinara», *Studia Aurea Monográfica*, 1 (2010), 17-45.

Capítulo 2

Un solo rebaño, un solo pastor, una sola espada

Traslatio Imperii

Si la victoria de Pavía no sirvió para que Carlos V tomara conciencia de su supremacía política en Europa, el Saco de Roma y la gira italiana de la corte imperial entre 1529 y 1530 sí. Dichos acontecimientos le obligaron a reconsiderar desde una posición de superioridad sus relaciones con el papado, el papel que debía desempeñar el emperador dentro de la Cristiandad y la justificación ideológica de su Imperio. En ese momento, la única persona de su entorno que se había dado cuenta de que la supremacía política no podía consolidarse sin el papel universal del emperador fue el Gran Canciller Gattinara[54].

Aunque la historiografía ha puesto siempre en primer término el problema de la Reforma como un asunto propio y específico de la Iglesia, esta idea era inseparable del Imperio. La Monarquía Universal era inseparable a su vez de la reforma imperial y lo que el Gran Canciller proponía a su soberano era avanzar y concluir lo que su abuelo Maximiliano I había comenzado. Éste tuvo una vida muy parecida a la de su nieto, abandonó los Países Bajos, donde había residido desde 1477, cuando fue elegido rey de romanos en 1489. Su

---

[54] Franz Bosbach, *Monarchia universalis: Storia di un concetto cardine della politica europea (secoli XVI-XVIII)* (Milano: Vita e Pensiero, 1998), pp. 35-63; Brandi, pp. 201-29.

tarea más difícil fue tomar posesión de las tierras austríacas, gobernadas por diversos miembros de la familia renuentes a reconocerle autoridad. Trasladó a sus posesiones patrimoniales del Danubio los usos y estilo de gobierno de la Casa de Borgoña, logrando de esta manera que su Corte fuera el centro efectivo de un territorio que sería administrado al "estilo holandés" -según se decía coloquialmente- siendo el eje de todo el sistema la Cancillería, que organizó en 1502 uniendo todas las cancillerías en una sola, también unificó la tesorería y la cámara de cuentas. Este proceso quedó truncado con su muerte, acaecida en 1519, que dejó incompleto un programa que concluiría su nieto Fernando con las *Hofordnung* (ordenanzas de la casa) de 1527[55].

Como hemos apreciado en los memoriales de Gattinara, también en las reformas emprendidas en el gobierno de los estados de la Casa de Habsburgo a finales del siglo XV y principios del siglo XVI los cambios en la gestión y administración se diseñaban para dar soporte a programas máximos de naturaleza política y/o ideológica. Desde 1489 las leyes promulgadas por el emperador establecieron la idea de la restauración imperial, la necesidad de devolver al Imperio a su estado original idealmente establecido bajo las dinastías Otoniana, Saliana y Hohenstaufen en los siglos XI al XIII. Un tópico del que el propio Lutero haría uso en sus predicaciones[56].

El "sueño" que escribió Gattinara en 1516 -del que hablaremos más adelante- saludando el ascenso al trono de Carlos V guarda grandes semejanzas con el sueño de Hermansgrün, un fraile de Magdeburgo que en 1495 publicó una visión sobre un imperio futuro que solo podría alcanzarse cuando se destruyese a los príncipes y señores sumidos en el crimen y el pecado. También cabe mencionar *El libro de los cien capítulos* que abogaba por disolver la autoridad

---

[55] Thomas A. Brady, *German Histories in the Age of Reformations, 1400-1650* (Cambridge: Cambridge University Press, 2009), pp. 107-30.

[56] Lutero dedicó carta a la nobleza cristiana de la nación alemana exhortando al "noble Carlos" a ser un nuevo Federico II, Martín Lutero, *Escritos políticos*, ed. Joaquín Abellán (Madrid: Tecnos, 1986), pp. 6-7.

temporal de la Iglesia, culpando al Papa, los frailes y los judíos de la crisis de la Cristiandad, reclamando que el emperador fuera el señor de todo el mundo con el deber de tutelar a la Iglesia y ser obedecido en toda la Cristiandad. El emperador figuraba como soberano elegido por Dios sobre todos los señores de la tierra para promover el bien común, al igual que el águila que es su símbolo. Dicho libro iba dedicado al emperador Maximiliano, a quien instaba a ejercer como pastor, con autoridad para elevar al trono o deponer a los papas y reformar al clero. Textos como estos, circularon por toda Europa con gran celeridad gracias a la recién inventada imprenta generando un estado de opinión expectante ante la proximidad de la llegada del fin del mundo. También justificaron y legitimaron las campañas militares de Maximiliano I en Alemania e Italia, tomando fuerza en el contexto de los cambios de la nueva comprensión del mundo que originaron los descubrimientos geográficos. Maximiliano I hizo publicar y distribuir relaciones, diarios, mapas y viajes de exploración como las expediciones portuguesas a Etiopía y la India, las cartas de Amérigo Vespucci etc. Ya antes que su nieto, había comprendido que se estaba gestando un nuevo orden mundial, en el que la transformación del Sacro Imperio Romano Germano podía trascender como forma de gobierno universal para todo el globo terráqueo[57].

El renacimiento del ideal gibelino tuvo lugar durante el Concilio de Constanza (1414-1418), allí se tomó conciencia de que sólo el emperador podía reformar la Iglesia y gobernar el mundo. Esta idea permaneció latente en todas las llamadas a la reforma de la Iglesia y a la convocatoria de nuevos concilios. El Papado consideró zanjado el problema tras el quinto Concilio de Letrán (1512-1517) con un lavado de cara que indignó a las numerosas voces que reclamaban una reforma sincera y profunda. Por eso mismo, en 1527 el Saco de Roma se pudo

---

[57] Harald Kleinschmidt, *Ruling the Waves: Emperor Maximilian I, the Search for Islands and the Transformation of the European World Picture C. 1500* (Leiden: Brill, 2008); John Jeffries Martin, *A Beautiful Ending: The Apocalyptic Imagination and the Making of the Modern World* (New Haven & London: Yale University Press, 2022), pp. 100-105.

interpretar por un gran número de europeos como el momento propicio que aunaría la reforma eclesiástica y la imperial[58].

Por tal motivo, las negociaciones que tuvieron lugar en los años 1528 y 1529 para la firma de una paz definitiva se vincularon así mismo con los preparativos de la coronación imperial. En 1530 el congreso de Bolonia dibujó el nuevo mapa político de Europa sobre el principio dinástico, delimitando la Cristiandad como una sociedad de príncipes. Este acuerdo se selló con la coronación y el vasallaje que los potentados italianos rindieron a Carlos V. La más solemne de las ceremonias fue la doble coronación del 22 de febrero de 1530, en la que Carlos V recibió la Corona de Hierro, y el 24 del mismo mes, la unción. Hasta ese momento era rey de romanos y emperador electo, pero a partir ahora era ya emperador coronado, en disposición para cumplir la misión a la que había sido llamado[59].

Cuando parecía que se estaban cumpliendo las profecías y los anhelos reformistas, hubo un giro inesperado y sorprendente. La tercera vía quedó en compás de espera. En los días previos a la coronación, durante las negociaciones que tuvieron lugar en el congreso de Bolonia, el Gran Canciller aceptó que el emperador cediera y fuera el pontífice quien convocara un Concilio para abrir negociaciones con los protestantes. Casi simultáneamente Gattinara recibió el capelo con el título de cardenal *ante Portam Latinam*[60]. Puede pensarse en un soborno, pero más bien debe interpretarse como una recompensa, un gesto conciliatorio de acercamiento, porque Clemente VII también cambió su percepción de la realidad política y de la religión, asumiendo algunas de las convicciones apocalípticas que acompañaban a la *renovatio imperii* siendo muestra de ello que, pocos años después de la muerte de Gattinara, decidiese que el lugar

[58] Brady, pp. 132-34.

[59] Juan Carlos D'Amico, *Charles Quint maître du monde* (Caen: Presses Universitaires de Caen, 2005), pp. 103-14; Bornate, «Historia vitae et gestorum per dominum magnum canellarium, con note, aggiunte e docu- menti», pp. 387-91.

[60] Pergamino original fechado en Roma a 13 de agosto de 1529, ASV. FAG. Mazzo 9 y copia en mazzo 10: *Privilegi concessi dal Pontefice*.

principal de la capilla sixtina lo ocupase una representación del juicio final que encargaría a Miguel Angel en el año 1536[61].

La mayoría de los historiadores ha interpretado la creación y expansión de los imperios en general, y del español en particular, como producto del deseo de riqueza, expansión territorial o apetencias coloniales, minusvalorando el potencial de la idea de misión que acompaña al pensamiento escatológico cristiano, que es evidente -sin ir más lejos- en el propio Cristóbal Colón[62]. Da la sensación de que los estudiosos de este periodo han atendido a este fenómeno más como una curiosidad que como un elemento consistente en la construcción de las ideas y proyectos políticos del momento. Como han mostrado Claude Carozzi, Stephen J. Shoemaker y Jay Rubenstein el apocalipticismo, en todos los tiempos y lugares, está unido habitualmente a ideas de expansión y triunfo imperial. Porque en la tradición judía, cristiana y musulmana la culminación de la historia llegaría a través del dominio universal de un imperio mundial. En el caso de la escatología cristiana, una vez asentado dicho Imperio, Cristo regresaría a la Tierra para gobernar durante mil años hasta el Juicio Final (de ahí que los movimientos asociados a esa creencia se denominen milenaristas). El último emperador, el que derrotaría al Anticristo, abriría esa nueva era de paz y prosperidad[63].

A comienzos del siglo XVI se desató en Europa un furor apocalíptico en el que el lenguaje bíblico y profético se mezclaban continuamente en la política y el gobierno. Una gran mayoría de

---

[61] Chastel.

[62] Juan Luis de León Azcárate, «El "Libro de las Profecías" (1504) de Cristobal Colón:: la Biblia y el descubrimiento de América», *Religión y cultura* (Padres Agustinos, 2007), pp. 360-406; Alain Milhou, *Colón y su mentalidad mesiánica: en el ambiente franciscanista español* (Sevilla: Casa-Museo de Colón, 1983); Martin, pp. 56-74.

[63] Stephen J. Shoemaker, *The Apocalypse of Empire. Imperial Eschatology in Late Antiquity and Early Islam* (Philadelphia: University of Pennsylvania Press, 2018), pp. 11-37; Jay Rubenstein, *Nebuchadnezzar's Dream: The Crusades, Apocalyptic Prophecy and the End of History* (Oxford: Oxford University Press, 2019), pp. 210-19; Claude Carozzi, *Visiones apocalípticas en la edad media: El fin del mundo y la salvación del alma* (Madrid: Siglo Veintiuno de España, 2000), pp. 10-16.

europeos estaban convencidos de que el fin de los tiempos y la parusía (παρουσία, advenimiento de Cristo) eran inminentes según una interpretación literal de los capítulos 20 a 22 del Apocalipsis, un lugar común que impregna la obra y el pensamiento de teólogos, predicadores y pensadores, desde Savonarola hasta Lutero. Si el fin de los tiempos era inminente, los individuos debían esforzarse para estar entre los elegidos, las instituciones debían buscar la pureza, la Iglesia debía reformarse para ser una comunidad de santos, el emperador de los últimos tiempos gobernaría un mundo en paz y se restauraría la edad de Oro en la que Cristo reinaría con los justos en una tierra renacida[64].

La Monarquía Universal preconizada por Gattinara estaba asociada a dichas ideas apocalípticas. Esta inminencia del fin reclamaba una acción urgente de Reforma que exigía una vida religiosa sincera, un clero ejemplar y la conquista de la Tierra Santa. Entre los escritos del Gran Canciller y algunos volúmenes anotados por él mismo observamos la identidad existente entre su anticipación apocalíptica y la expansión imperial[65]. La escatología imperial, que observamos en el diálogo de las cosas sucedidas en Roma escrito por Alfonso de Valdés remite a una larga tradición cristiana que tiene en Gioacchino da Fiore uno de sus principales inspiradores. Así la ambición imperial no puede separarse de las creencias sobre el fin del mundo que explican la urgencia por reformar la Iglesia. Estas ideas sostenidas por Mercurino Arborio, fundamento de su tercera vía, chocaban frontalmente con la cosmovisión erasmiana. Erasmo de

---

[64] Marjorie Reeves, «Joachimist influences on the idea of a last World Emperor», *Traditio*, 17 (1961), 323-70; George Wolfgang Forell, «Justification and Eschatology in Luther's Thought», *Church History*, 38.2 (1969), 164-74 <https://doi.org/10.2307/3162704>; Martin, pp. 112-34; Phillip Haberken, «Prophetic rebellions. Radical urban theopolitics in the era of Reformations», en *The Routledge History Handbook of Medieval Revolt* (New York: Routledge, 2017), pp. 349-69.

[65] Se conservan las notas de lectura, apuntes y comentarios de Gattinara a un texto de Gioacchino da Fiore titulado "Vittoria di Cristo sull'Anticristo", como también sus anotaciones y redacciones nacidas del estudio de la obra de san Gregorio Magno, junto con unas reflexiones sobre la Monarquía Universal bajo el rótulo *Peroratio tocius operis* en ASV-FAG, mazzo 3.

Rotterdam fue la primera persona que puso en duda el lugar del Apocalipsis en el canon, como se aprecia en las anotaciones que hizo al editarlo en 1516. Su última nota, relativa a 22.12/13 ("mira, vengo enseguida y traigo aquí la recompensa conmigo para dar a cada uno según sean sus obras yo soy el alfa y el omega el primero y el último el principio y el fin") manifiesta dudas sobre la autenticidad del libro al tiempo que no oculta su profunda hostilidad hacia un texto que, en ese momento, estaba muy vivo. Este desagrado lo ratificó de manera más extensa en la segunda edición que hizo en 1522 agregando que el texto fue rechazado por la Iglesia griega en tiempos de San Jerónimo, que la autoría de Juan "el evangelista" parece una mala atribución pues quien figura en los manuscritos griegos es Juan "el teólogo" y que el estilo es muy diferente al de los evangelios, las epístolas y los hechos de los apóstoles, lo cual hace sospechar que fue escrito mucho tiempo después. Su argumentación era exquisitamente filológica, si bien transmite la idea de que es un texto espurio, que contiene pasajes confusos y carece de la confirmación de los eruditos sobre su validez y la fijación del texto. Para evitar males mayores, tuvo la prudencia de concluir su comentario haciendo notar que la tradición y la autoridad de la Iglesia habían aprobado el libro como plenamente canónico, escrito por Juan el Evangelista, lo cual le llevaba a admitir su validez[66].

El análisis filológico era demoledor, pero el filólogo tenía buen cuidado de no cruzar el umbral de la teología. Sin embargo, dada la fecha para elaborar el comentario y el extraño empeño en hacerlo, arrostrando enormes dificultades para obtener ejemplares para cotejar, su posición en la Corte borgoñona y su participación en la educación del príncipe para alejarlo de sus apetencias imperiales, creemos que hay una intención política detrás del afán filológico. También en 1516 Gattinara había redactado un sueño que su amigo Marliano entregó en mano al futuro emperador Carlos V en el que hacía referencia a las profecías, a su misión imperial como cabeza de una Monarquía

---

[66] Irena Backus, *Reformation Readings of the Apocalypse: Geneva, Zurich, and Wittenberg* (Oxford: Oxford University Press, 2000), pp. 3-6.

Universal que sería la última, la que abriría el fin de los tiempos[67]. Las referencias al apocalipsis eran inequívocas y todo el entramado político soñado, por quien entonces solo era presidente del parlamento de Dole, se fundamentaba en todo aquello que deploraba el humanista. Por todo ello no deja de ser admirable la habilidad de Gattinara y Valdés para emplear la moral erasmiana en un proyecto que el erudito de Rotterdam nunca se cansó de considerar como tiranía universal.

Con todo, la tercera vía quedó muerta cuando apenas estaba naciendo. El Gran Canciller falleció de disentería en Innsbruck el 5 de junio de 1530. Por lo general se considera que con él se extinguió su proyecto político, dando paso a la hispanización del Imperio de Carlos V. Además, se impuso una cierta racionalidad en el gobierno por lo que no hubo sustituto para el puesto de Gran Canciller y su papel fue ocupado por poderosos personajes españoles, destacando entre todos ellos el secretario Francisco de los Cobos[68]. Pero no fue exactamente así.

Hace algo mas de una decada Giuseppe Cascione advirtió que a lo largo de la década de 1530 se popularizaron las ideas básicas del proyecto imperial de Gattinara y del erasmismo imperial a través de los emblemas de Alciato. Andrea Alciato, jurista de la Universidad de Pavía, al tiempo que erudito y humanista publicó en 1531 su "Emblematum liber" como una galería de situaciones humanas expuestas mediante emblemas y metáforas, con los que, tomando como referencia los *Adagia* de su amigo Erasmo de Rotterdam, quiso crear un repositorio de sabiduría y moralidad expresado de manera iconográfica. Como sabemos, la obra se convirtió en el arquetipo de un

---

[67] *Ad Divum Carolum Maximum, Regem Catholicum, Mercurini Arboriensis de Gattinara Burgundiae praesidis I.v. Doctoris et militis oratio supplicatoria somnium interferens de novissima orbis Monarchia ac future Christianorum triumph late enuncians quibus medijs ad id perneniri possit*, British Library Ms. 18008.

[68] Hayward Keniston, *Francisco de los Cobos, secretario de Carlos V* (Madrid: Castalia, 1980), pp. 96-118; José Antonio Escudero, *Las Secretarios de estado y del despacho: 1474-1724* (Madrid: Instituto de Estudios Administrativos, 1976), pp. I, 41-121; Fritz Walser, *Die spanischen Zentralbehörden und der Staatsrat Karls v: Grundlagen und Aufbau bis aum Tode Gattinaras, Issue 43* (Göttingen: Vandenhoeck & Ruprecht, 1959), pp. 260-61.

género que tuvo un gran éxito en toda Europa con una influencia decisiva en los medios artísticos[69].

Las ideas que constituían la urdimbre del popular repertorio iconográfico eran un instrumento propagandístico que, casi inadvertidamente, afianzaban en la conciencia de las élites políticas y culturales de entonces un conjunto de ideas sobre el buen gobierno y la naturaleza del poder que correspondían exactamente al programa político elaborado por Mercurino Arborio di Gattinara después de 1526. Recoge ideas y principios expuestos sobre todo en la obra de Alfonso de Valdés, guardando bastantes similitudes con ella. Así mismo, advertía que esta popularización no era accidental, no eran lugares comunes, sino que algunos emblemas se habían diseñado precisamente para dar a conocer y popularizar algunas ideas morales de Erasmo reelaboradas con fines políticos por Gattinara, con el fin de servir como fundamento intelectual legitimador de la Monarquía Universal. Como ya hemos señalado más arriba, Erasmo no estaba de acuerdo con el mensaje y significado del *De monarchia* de Dante, si bien consintió que Alfonso de Valdés y Alciato utilizaran sus ideas en aras de un idearium netamente gibelino. Valdés y Alciato fundamentaron una doctrina imperial, producto de la síntesis, abierta a diferentes lecturas, y útil en cuanto instrumento ideológico o propagandístico puesto al servicio de una práctica eminentemente patrimonial y dinástica: el poder, la gloria y la reputación de la Casa de Habsburgo[70].

Parece ser que la dedicatoria del primer emblema fue escrita antes de 1519, lo cual sitúa la alusión a "César" directamente dirigida Maximiliano I fijando la intención primera del texto en el programa

---

[69] Giuseppe Cascione, «Filosofia e comunicazione politica nell'Europa di Carlo V: Erasmo, Alciato, l'emblematica», en *The Italian Emblem*, ed. Donato Mansueto (Glasgow: Glasgow University Press, 2007), pp. 93-114.

[70] Cascione; sobre Alciato y su compromiso imperial véase Juan Carlos D'Amico, «L'Empire Romain et la traslatio imperii dans le De Formula Romanii Imperii d'André Alciat», en *André Alciat (1492-1550): un humaniste au confluent des savoirs dans l'Europe de la Renaissance.* (Turnhout: Brepols Publishers, 2013), pp. 177-94.

imperial del abuelo de Carlos V[71]. Pero después, en 1530, Alciato era el punto en el que convergían la correspondencia entre Auerbach y Erasmo, conectando con Gattinara y los hermanos Alfonso y Juan de Valdés. El grupo se sitúa en el plano espiritual entre la Reforma y Roma y en lo político aspira a "imperializar" Europa bajo el principio "que cada cual posea lo suyo", siendo el emperador el garante de la seguridad de la posesión de derechos y tierras de todos los príncipes. Los emblemas recogen los conceptos de buen gobierno elaborados por Erasmo ilustrándolos y popularizándolos como aforismos fáciles de visualizar, recordar y comentar. Concretamente "In senatum boni principis", "Consiliarii principum", "Iusta vindicta", "Terminus" son objeto de una elaboración decididamente pedagógica y divulgadora del ideario humanista imperial[72].

Dennys Drysdall en la reseña que escribió para *Renaissance Quarterly* sobre la contribución de Cascione anotó con aguda perspicacia que su argumentación tenía un punto débil, que desmontaba su interpretación. A su juicio, ignoraba la cronología de los emblemas porque dos de los cuatro estudiados son de la edición del año 1546. Este dato hacía muy improbable que el patrocinio de Alciato y sus lealtades políticas de 1530 pudieran trasladarse a esa fecha, cuando Erasmo y Gattinara habían fallecido tiempo atrás[73]. Drysdall daba por hecho que estaban muertos no sólo físicamente sino políticamente, sin embargo, sólo lo primero podía asegurarse como cierto. Los emblemas sirvieron para construir la conciencia política de una nueva élite política italiana y europea que podría proporcionar una alternativa a la crisis de la Cristiandad, planteando una tercera vía entre Roma y los reformados que se identifica bajo la idea de *Renovatio imperii*. Los detalles sobre esta "alternativa" y la localización de esta camarilla política y su vínculo con los planes imperiales de renovación

---

[71] Véase el estudio introductorio de Mino Gabrielle a Andrea Alciato, *Il libro degli emblemi. Secondo le edizioni del 1531 e del 1534*, ed. Mino Gabrielle (Milano: Adelphi, 2009), pp. xx-ii-xxv.

[72] Cascione.

[73] Dennys Drysdall, «Review: The Italian Emblem: A Collection of Essays by Donato Mansueto, Elena Laura Calogero», *Renaissance Quarterly*, 61.4 (2008), 1263-65.

es muy clara y procede del conjunto de servidores de confianza de Gattinara, los hermanos Alfonso y Juan de Valdés.

Alfonso de Valdés fue el albacea testamentario del Gran Canciller. No sólo se hizo cargo de ejecutar sus disposiciones testamentarias, sino que también asumió la defensa de sus ideas y proyectos. Esta representación la transmite el retrato que Jan Cornelisz Vermeyen le hizo durante la Dieta de Augsburgo en el verano de 1530. El Gran Canciller falleció en Innsbruck cuando se dirigía a la Dieta. La noticia llenó de consternación a quienes confiaban en él para hallar un acuerdo. Valdés salió al paso de estos temores, escribió al cardenal Accolti informándole que él defendería el plan maestro elaborado por el fallecido para conseguir la conciliación con los luteranos. Sólo habría que seguirlo al pie de la letra. Imperiales, luteranos y papales estaban muy esperanzados con el plan, pero la ausencia de su autor se hizo notar muy pronto, con efectos negativos. Para empezar, en el propio bando imperial, cuyos componentes se hallaban muy desorientados respecto a cómo debían obrar, careciendo de una autoridad intelectual que organizase los debates y las discusiones cuando se planteaban cosas que no aparecían en el guion. Esta falta de liderazgo fue advertida en el primer encuentro de la Dieta, el 17 de junio, lo cual muy pronto hizo inservible la mediación imperial porque el día 25 los luteranos presentaron la *Confessio Augustana* y la respuesta del nuncio Campeggio y sus teólogos fue condenarla en su conjunto, sin matices[74].

Aun cuando Alfonso de Valdés era apreciado por el emperador, por el líder luterano Phillip Melanchton (que siempre estaba siempre dispuesto a conversar con él) y por algunos cardenales, la realidad es que todos le atendían con cierta condescendencia, como "mancebo seglar" según él mismo señala en sus cartas al cardenal Accolti. Esta calificación que él mismo se otorga es la propia de un personaje suyo, Lactancio, su "alter ego" en el *Diálogo de las cosas sucedidas en*

---

[74] Giuseppe Bagnatori, «Cartas inéditas de Alfonso de Valdés sobre la Dieta de Augsburgo», *Bulletin Hispanique*, 57.4 (1955), 353-74 <https://doi.org/10.3406/hispa.1955.3451>.

Roma, un "mancebo de la Corte del emperador" y si nos fijamos en el papel de este personaje en el diálogo nos hacemos una idea de cómo representaba su función. Consciente de su posición subordinada, no podía reemplazar a su señor en dignidad y prestigio. Por eso no sólo no era tomado en serio, sino que el desprecio y hostilidad del nuncio Campeggio y sus teólogos se debía en buena parte a su insignificancia[75]. Creo que por estas razones la tabla de Vermeyen parece recordar que él solo es el transmisor de un proyecto cuya autoría intelectual no es suya, él tan solo es la voz de un hombre que era respetado y venerado por todos. Al sujetar la medalla con el retrato de Gattinara con la mano derecha mientras que lo señala con su mano izquierda moviendo los dedos formando la lemniscata, el ocho, signo de la armonía infinita, parece realzar por completo su misión y el deseo de no ser considerado como un mozo o servidor sino alguien que representa a una figura de autoridad, que había concebido la paz universal, colofón de su carrera al servicio del emperador:

"Yo, Señor Reverendísimo, ha muchos años que platico con alemanes y he mucho alcançado de sus complexiones. Estas cosas de Luthero téngolas desde que estáuamos en Wormes muy platicadas. A esta causa pensé de aprouechar mucho en esta congregación, como dixe en Bolonia a Vuestra Señoría Reverendísima. Faltóme al mejor tiempo el Gran Canciller, por cuyo medio yo penssaua obrar, y las cosas succedieron de manera que ny yo me quise entremeter por no dar gelosía a ninguno, ny me quisieron escuchar por no dar causa que se me diesse más crédito del que a algunos conuernía. Quando yo vi esto, retrúxeme en my posada y nunca entendí en nada sino syendo llamado. Nunca lo fui syno tiniendo de my necessidad; no dexé de dezir my paresçer, y aun dílo por scripto. Paresció a algunos que no conuenía que se viesse, no porque no fuesse al propósito del negocio, mas porque no se me diesse más auctoridad de la que a ellos conuernía"[76].

---

[75] Carta escrita al cardenal Accolti en Augsburgo el 12 de julio de 1530 en apéndice 1 de Bagnatori, pp. 362-64.

[76] Valdés a Accolti, Augsburgo 24 de septiembre de 1530, apéndice 7 de Bagnatori, p. 373.

Alfonso se hallaba desilusionado por la actitud de la nunciatura, pero también con los luteranos y, sobre todo, con los príncipes protestantes alemanes. En septiembre escribió un duro alegato sobre su actitud, pedían cosas razonables pero otras muchas no lo eran: "por cierto su M.ᵈ nunca en el Evangelio que ellos trahen siempre en la boca havia leydo ser licito tomar lo ageno y tenerlo contra la voluntad de su dueño, y quando les dizen que lo restituyan responder que no lo pueden hazer sin cargo de sus consciencias"[77].

La Dieta, como es bien conocido, concluyó mal para todos, luteranos, imperiales y papales rompieron toda posibilidad de diálogo y concordia. Alfonso de Valdés gozaba de la confianza del cardenal Granvela, ahora encargado de los negocios del Imperio, y del secretario Cobos, responsable de Italia, España y sus dominios, figurando ya como secretario imperial. Gracias a esa posición reforzó los lazos entre el Emperador y Erasmo logrando para el humanista honores, pensión, protección e incluso una bula papal para patrocinar sus obras[78]. La convocatoria de un concilio general de la Iglesia constituyó su principal anhelo, pero justo en ese momento se cernía sobre los hermanos Valdés la amenaza de la Inquisición bajo la dirección del arzobispo Tavera y del propio Cobos que estaba articulando su propia facción bajo la férula de la intransigencia católica. A pesar del duro escrutinio a sus obras e ideas los dos hermanos se salvaron gracias al afecto personal que les profesaba el emperador si bien la influencia de Alfonso se hallaba en claro declive y a la defensiva[79].

---

[77] Alfonso de Valdés «Relacion de lo que en las cosas de la fe se ha hecho en la dieta de Augusta anno 1530» citado por Giuseppe de Leva, *Storia Documentata di Carlo V in correlazione all'Italia* (Padova: Naratovich, 1875), p. vol III, 19-23.

[78] Caballero, p. 101.

[79] Daniel A Crews, *Twilight of the Renaissance* (Toronto: University of Toronto Press, 2008), pp. 44-46.

Fig.1: Jan Cornelisz Vermeyen: Alfonso de Valdés, c. 1531, óleo
sobre tabla, 42 x 33,8 cm, Londres, The National Gallery

En 1530 los hermanos Alfonso y Juan de Valdés estuvieron
viviendo juntos en Bolonia, en la casa del Gran Canciller, mientras se
desarrolló el congreso que concluyó con las coronaciones imperiales.
Desde allí Alfonso acompañó a Gattinara en su último y postrero viaje
mientras que Juan marchó a Roma[80]. No sabemos si desde la
Cancillería se le instruyó para una misión específica, su estancia
romana fue muy discreta y, por su comportamiento posterior, es muy
posible que siguiera un plan de acción circunscrito a ganar los
corazones y las voluntades de los potentados italianos a la causa
imperial, una de las ideas fuerza de Gattinara (que siempre contempló
Roma a través del poder de los linajes italianos). Su actividad se centró
en actuar como consejero espiritual de destacadas personalidades,
creando un círculo de allegados. Su intención no era crear una orden o
una religión sino abrir un camino de reflexión ética y moral siguiendo
la senda erasmista. Tuvo éxito, logrando un importante número de

---

[80] Caballero, pp. 101-2.

adeptos en el Sacro Colegio cardenalicio y la nobleza italiana. Entre los letrados y eclesiásticos destacan Pietro Martire Vermigli, Marc Antonio Magno, Mario Galeota, Pietro Carnesecchi, protonotario apostólico y embajador del duque de Ferrara en Roma, los cardenales Reginald Pole, Giovanni Morone y Soranzo, los escritores Jacobo Bonfadio y Celio Secondo Curione, los franciscanos Giovanni Montalcino y Juan Francisco de Aloys Caserta, el agustino Lorenzo Romano, el benedictino Giovanni Battista Folegio, Bernardino Ochino primer general de los Capuchinos y el dominico Bartolomé de Carranza. Entre la alta nobleza destacan Galeazzo Caracciolo, marqués de Vico, y su esposa Isabel Manrique, Vittoria Colonna, viuda del marqués de Pescara, María d'Aragona, marquesa del Vasto, su hermana Giovanna d'Aragona, esposa de Ascanio Colonna, Ferrante Gonzaga, príncipe de Molfetta, su esposa Isabel Villamarí y Cardona y su hermana Giulia Gonzaga (con la que tuvo una relación muy especial), Isabella Colonna, princesa de Bisgnano, Francesco d'Este, príncipe de Sulmona y su esposa María de Cardona, Costanza de Avalos, duquesa de Amalfi, Dorotea Gonzaga, marquesa de Bitonto, Clarisa Orsini, princesa de Stigliano, Robuta Caraffa, princesa de Maddaloni, Catalina Cibo, princesa de Squilace, etc. Todos ellos conformaron el núcleo duro de un grupo que sería conocido como los espirituales, "gli spirituali", que según los procesos que se siguieron contra ellos en el pontificado de Paulo IV comprometió a unas tres mil personas[81].

La descripción de Fermín Caballero etiquetándolo como "palaciego y cortesano" encaja en el retrato de quien perfilaba un modelo de comportamiento diferente al cortesano de Castiglione o habría que pensar en un modelo alternativo de cortesanía. No olvidemos que Juan de Valdés corrigió la redacción del *Diálogo de las cosas sucedidas en Roma*, que algunas partes puede que fueran obra

---

[81] Caballero, pp. 13-195; José Constantino Nieto, *Juan de Valdés y los orígenes de la Reforma en España e Italia* (México; Madrid; Buenos Aires: Fondo de cultura econímica, 1979), pp. 237-53; Massimo Firpo, *Entre alumbrados y espirituales*, ed. Daniela Bergonzi y José Ignacio Tellechea Idígoras (Madrid: Fundación universitaria española y Universidad Pontificia de Salamanca, 2000), pp. 23-38.

suya y que durante mucho tiempo la obra se le atribuyó a él y no a su hermano Alfonso. Castiglione hacía una lectura de Erasmo muy diferente a la de los hermanos Valdés, tomó como modelo *Istituta Principis Christiani*, insertando párrafos enteros en su libro *El Cortesano*, una obra del corpus erasmiano que Juan y Alfonso ignoraron o a la que prestaron muy poca atención[82]. El cortesano cristiano de Juan de Valdés se contraponía al modelo construido por Castiglione, ensayaba un camino diferente para abrir camino a la tercera vía. Su *Alfabeto Cristiano*, en este sentido, como muy bien ha señalado Daniel Crews, no se circunscribía simplemente a materias de fe, ética y moral, tenía también un fuerte componente político que lo situaba como mediador entre las élites italianas y la Corte imperial[83].

Al tejer una extensa red de contactos italianos, el viaje de Carlos V a Italia en los años 1535 y 1536 supondría la manifestación más clara de cómo se estaba construyendo esta Italia del emperador. Dicho viaje fue percibido como la puesta en marcha de la *Renovatio Imperii*, cuando el emperador y su ejército retornó de su victoriosa campaña de Túnez, que tuvo lugar entre junio y julio de 1535. Cuando el soberano desembarcó en Palermo fue recibido en un ambiente de gran expectación. Se suponía que iba a proceder, tras la Cruzada, a la esperada pacificación de la Cristiandad. Algunos pequeños gestos, a veces imperceptibles, muestran que este viaje en el que recorrería Italia de nuevo, cinco años después de la coronación imperial, ajustaría el mapa político de la península y devolvería la paz a la Cristiandad[84]. La Corte napolitana de Don Pedro de Toledo, las de Florencia, Ferrara y

---

[82] Guido Rebecchini, «Castiglione and Erasmus: Towards a Reconciliation?», *Journal of the Warburg and Courtauld Institutes*, 61 (1998), 258-60.

[83] Daniel A Crews, «De armas y letras: el cursus honorum de Juan de Valdés», en *Actas del XIII Congreso de la Asociación Internacional de Hispanistas : Madrid, 6-11 de julio de 1998. Tomo IV. Historia y sociedad. Literatura comparada y otros estudios*, ed. Florencio Sevilla y Manuel Alvar (Madrid: Castalia, 2000), pp. 79-86.

[84] Maria Antonietta Visceglia, «"Farsi imperiale": faide familiari e identità politiche a Roma nel primo Cinquecento», en *L'Italia di Carlo V Guerra, religione e politica nel primo Cinquecento: atti del convegno internazionale di studi, Roma, 5-7 aprile 2001*, ed. Francesca Cantù (Roma: Viella, 2003), pp. 477-508; Elena Bonora, *Aspettando l'imperatore* (Milano: EINAUDI, 2014), xxv.

Mantua, todas ellas imbuidas de la espiritualidad valdesiana, constituían esa Italia imperial que se expresó plenamente en ese momento. En enero de 1536, el emperador se trasladó a Nápoles siendo recibido con gran alborozo popular. En su presencia le cantaron "cose villanesche" un tipo de tonada popular que interpretaron los músicos de su séquito. Inmediatamente estas tonadas se pusieron de moda en Roma, Florencia, Milán y Venecia. Si en un baile, una fiesta o una celebración se interpretaban "villanescas", en vez de madrigales, se entendía como un gesto político en el que los anfitriones o los participantes manifestaban su simpatía imperial[85]. El ambiente era propicio para entrar en Roma y presentar la *renovatio imperii*[86].

Discurso de Carlos V en Roma

Del discurso pronunciado por Carlos V el 17 de abril de 1536 en la sala del consistorio del palacio vaticano ante el Papa Paulo III, el Sacro Colegio Cardenalicio, la nobleza italiana y los representantes diplomáticos de todas las Cortes europeas no se conserva ninguna copia escrita. La causa es que el emperador lo pronunció sin leer papeles, razonando llanamente, hablando espontáneamente. Esta naturalidad comunicativa fue un artificio muy meditado y con un significado simbólico muy preciso. Al hablar sin ningún tipo de predisposición, abriendo su mente, actuaba en el papel de portavoz de un imperativo que fluía desde su boca al público, siguiendo el modo en el que Moisés se dirigió al pueblo de Israel[87]. Esta actitud no era nueva y responde a un tipo de discurso familiar en aquellos tiempos de turbulencia religiosa y ansiedad mesiánica, hablar sin papeles,

---

[85] Linda L Carroll, «The Peasant as Imperialist: An Unpublished canzone in Ruzantine Style», *Italica*, 70.2 (1993).

[86] Maria Antonietta Visceglia, «Il viaggio cerimoniale di Carlo V dopo Tunisi», en *Carlos V y la quiebra del humanismo político en Europa (1530-1558) : [Congreso internacional, Madrid 3-6 de julio de 2000]*, ed. José Martínez Millán (Madrid: Sociedad Estatal para la Conmemoración de los Centenarios de Felipe II y Carlos V, 2001), pp. 133-72.

[87] Vicente de Cadenas y Vicent, «Discurso de Carlos V en Roma en 1536» (Madrid: CSIC-Instituto Salazar y Castro, 1982).

iluminado por la gracia divina, servía al propósito de presentarse como Monarca Universal, afirmando la Monarquía como condición material necesaria para el advenimiento del Mesías[88].

Estos rasgos simbólicos eran más importantes que el discurso en sí. Lo que conocemos de su contenido procede de las notas tomadas por los testigos y las explicaciones dadas al día siguiente por escrito al Papa y al rey de Francia. Así mismo, numerosos historiadores y cronistas de los siglos XVI y XVII recrearon el discurso como buenamente pudieron añadiendo o quitando elementos, de modo que disponemos de versiones muy breves, de apenas una página, a versiones más extensas de varios folios. En 1982 Vicente de Cadenas y Vicent se propuso reconstruir el contenido del discurso utilizando todos los testimonios conservados. Observó que casi todo el material disponible era muy de segunda mano, de fuentes de escasa fiabilidad, y ni siquiera eran fiables muchos testimonios de testigos directos, como el del cardenal Du Bellay, portavoz de los franceses presentes en la audiencia de Paulo III que se quejó porque no había entendido nada. El emperador respondió a sus protestas en perfecto italiano diciéndole que el español era tan sencillo de entender como cualquier otra lengua, al tiempo que le exponía un brevísimo resumen de lo que había dicho. Prometió escribir a Francisco I y al propio Papa la relación de lo que había expuesto, pero los textos que remitió a ambos en francés difieren mucho entre sí y parecen dos discursos distintos. Respecto a los demás asistentes que escribieron y comunicaron sus notas y resúmenes hallamos, más que testimonios, representaciones o recreaciones al estilo de los historiadores clásicos en las que se pretende que el lector reviva ese momento[89].

Con todo, podemos resumir lo que dijo el emperador en unas breves pinceladas. Comenzó describiendo la campaña de Túnez, de la que regresaba victorioso cruzando los reinos de Sicilia y Nápoles para alcanzar Roma con el objeto de solicitar la convocatoria de un Concilio General. Como emperador expresaba su voluntad de defender la

---

[88] Milhou.

[89] Cadenas y Vicent, «Discurso de Carlos V en Roma en 1536».

Cristiandad, preservar su integridad y dirigirla en una Cruzada contra el infiel, una acción que sería ejecutada tras alcanzarse la concordia entre los cristianos. En este sentido, la paz asentada en Italia y la seguridad de Roma constituían el soporte para edificar una Cristiandad en paz, pese a los obstáculos aún existentes. En segundo lugar, explicaba su proceder respecto a Francisco I de Francia a quien se veía obligado a hacer la guerra debido a su hostilidad, su incumplimiento de pactos y tratados y, sobre todo, su no aceptación de la autoridad imperial, censurando además la alianza francesa con herejes e infieles. Enumeró todas las ofensas y todas las traiciones que los soberanos de la casa de Valois habían infligido a su persona y familia, remontándose a sus abuelos Fernando y Maximiliano. Es decir, la casa real de Francia obstaculizaba sistemáticamente la articulación de la Cristiandad como realidad política, impidiendo al emperador ejercer sus funciones legítimas. Las cuales consisten en mantener la concordia entre los príncipes cristianos. Por tal motivo propone como solución una serie de arreglos dinásticos y patrimoniales, matrimonios cruzados que permitan una mayor cohesión entre las casas de Habsburgo y Valois así como infeudar estados a satisfacción de ambas partes, por ejemplo, cediendo Milán bajo determinadas garantías. Además, viendo que sus diferencias eran irresolubles planteaba resolverlas mediante un duelo singular[90].

Son expresiones que tienen un largo recorrido y corresponden a unas ideas y un concepto de la autoridad que nos remiten directamente al Canciller Gattinara. Al recordar los obstáculos que los soberanos franceses habían interpuesto a la autoridad de los emperadores repetía una vieja advertencia expresada por Mercurino Arborio en sus primeros escritos. El Gran Canciller, buen conocedor de la cultura política francesa, sabía que los intereses de Francisco I y Carlos V eran irreconciliables porque ambos aspiraban a un mismo objetivo, ser la cabeza política de la Cristiandad. Solo uno podía ocupar ese lugar. Desde tiempos de Luis XII de Francia, los soberanos Valois pretendían trascender su condición de Rey Cristianísimo para ser considerado

---

[90] Cadenas y Vicent, «Discurso de Carlos V en Roma en 1536».

Monarca y, por tanto, Emperador[91]. La rivalidad entre Francisco I y Carlos V iba más allá de las diferencias dinásticas por derechos de posesión de señoríos. En *Peroratio tocius operis*, el Gran Canciller enumeró y refutó las aspiraciones francesas en un tono muy parecido al que ahora empleaba el emperador ante la Curia[92]. Eran argumentos bien conocidos que situaban a Italia en el centro de toda política. Sin Roma no había imperio, la restauración de la dignidad del poder imperial debía hacerse necesariamente desde la cabeza del mundo, siendo la identidad entre el señorío de Italia y la Monarquía Universal las dos caras de una misma moneda[93]. Ahora bien, los contenidos del discurso tienen un fundamento que para Cádenas y Vicent pasó desapercibido, así como para muchos historiadores, su impronta erasmista y su continuidad respecto a tres textos vinculados a la Cancillería Imperial a los que ya hemos hecho referencia páginas más arriba: *Pro Divo Carolo, Diálogo de Lactancio y un Arcediano sobre las cosas sucedidas en Roma* y *Diálogo de Mercurio y Carón*.

Respecto a aquellos textos, este discurso no presenta más novedad que la de haber sido pronunciado en español ante el Sumo pontífice y el colegio cardenalicio, lo cual también tiene un significado político muy claro. Porque al hablar en español en ese lugar tuvo efectos más allá de la forma espontánea del discurso o de su contenido. Para Morel Fatio tuvo el carácter de una "hazaña con efecto en el mundo" que se subraya con fuerza en la respuesta del soberano al

---

[91] Gaston Zeller, «Les rois de France candidats à l' Empire», en *Aspects de la politique française sous l'ancien régime* (Paris: PUF, 1964), pp. 80-81.

[92] Manuscrito sin fecha, redactado en latín por alguno de sus colaboradores, que recoge la argumentación de Francisco I para considerarse acreedor de la corona imperial, corregido y preparado para una versión definitiva con anotaciones autógrafas de Mercurino Arborio, ASV. FAG. mazzo 3.

[93] Mercurino Arborio insiste en esta cuestión en el memorial de 1519, ASV. FAG. mazzo 8, en la carpeta nº 10, fol. 1. editado por C. Bornate, Historia... op. cit., apéndice I pags. 405-413; en el de 1521 que versa sobre Italia fundamento del Imperio, ASV. FAG. mazzo 8, 2 hojas autógrafas, en los consejos elevados al emperador en 1522, BRT. MSI. nº 75, fols. 169-176 y en septiembre-octubre 1523, ASV. FAG. mazzo 8, editado por E. Gossart, op. cit., pp. 236-258, en septiembre de 1525, C. Bornate, Historia... op. cit., pp. 458-476 y en el discurso sobre la política del emperador, julio de 1526, ibidem., pp. 496-514.

embajador francés, tomándola de Brantôme: "Señor obispo, entiéndame si quiere; y no espere de mí otras palabras que de mi lengua española, la qual es tan noble que merece ser sabida y entendida de toda la gente christiana". Justificar la elección para hacerse entender mejor por el público, mayoritariamente italiano, era un argumento muy dudoso porque "el español hablado por Carlos V no debía de ser accesible a muchos oídos italianos". A su juicio, siendo el latín la lengua de la Cristiandad, el italiano era la única lengua vulgar con alguna pretensión de ser mundial, siendo entendida por la mayor parte de las personas cultivadas de Europa, como puso de manifiesto el propio emperador al explicar su discurso en esa lengua respondiendo a las protestas de quienes no lo habían entendido. Para Morel Fatio la explicación es sencilla, el emperador, al frente de un ejército victorioso hizo uso de la lengua de sus compañeros de armas, dando carta de naturaleza al Imperio español que se está construyendo en las guerras de Italia y en la conquista de América. Señalaba así a la idea de que la lengua era compañera del Imperio[94].

Sin embargo, a nuestro juicio, el discurso apuntaba en otra dirección, la de la tercera vía y la Italia del emperador. Hay dos conceptos que se repiten en los textos que cita el hispanista francés que llaman poderosamente la atención, los "oídos italianos" y que el español merece ser lengua sabida y entendida "de toda la gente christiana". Esto enlaza el acontecimiento con otro hecho acaecido simultáneamente, como fue la redacción del *Diálogo de la lengua* de Juan de Valdés.

El diálogo trasciende en muchos aspectos el carácter gramatical al que tradicionalmente le han reducido los filólogos porque es mucho más que un tratado sobre la lengua, también lo es sobre el comportamiento y, en ese sentido amplía muchos aspectos del cortesano de Castiglione. Una buena pista nos la ofrece el contexto en el que se sitúa a los personajes del diálogo, Marcio, Coriolano, Pacheco

---

[94] Alfred Morel-Fatio, «L'espagnol langue universelle», *Bulletin Hispanique*, 15.2 (1913), 207-25.

y el propio Valdés, que están en el séquito del emperador Carlos V en su viaje de Nápoles a Roma[95].

El propósito de presentar la lengua española como lengua de la gente cristiana, su carácter pedagógico y el proselitismo de Valdés entre las "damas y caballeros" de Italia indican que el diálogo iba dirigido a la élite vinculada a sus predicaciones, la misma élite a la que dirige Carlos V su discurso: "Porque, como veis, ya en Italia, así entre damas como entre caballeros, se tiene por gentileza y galanía saber hablar castellano"[96]. Habla a la "Italia del emperador". Por eso también tuvo lugar, casi simultáneamente, otro hecho importantísimo para la configuración y consolidación de este grupo, en 1536 circula manuscrito entre sus seguidores su *Alfabeto cristiano*[97].

Pero Valdés no escuchó el discurso, no estuvo en Roma, no abandonó Nápoles. Pese a ser asesor de Nicolás Perrenot de Granvela, se estimó más conveniente que no acompañase al séquito imperial. No parece que hubiera caído en desgracia, porque muy poco antes se había renovado su pensión de 70000 maravedíes y la opinión sobre su persona era muy favorable en la Corte. El virrey de Nápoles, Pedro de Toledo, y el secretario real Francisco de los Cobos consideraban que el servicio que Juan estaba prestando a la causa imperial en ese momento era muy superior a la de su hermano Alfonso[98].

---

[95] Teresa María Gruber, «"El diálogo de la lengua" y la comunicación en el reino de Nápoles», *Cuatrocientos años de la lengua del Quijote: estudios de historiografía e historia de la lengua española: Actas del V Congreso Nacional de la Asociación de Jóvenes Investigadores de Historiografía e Historia de la Lengua Española (Sevilla, 31 de marzo, 1* (Universidad de Sevilla, 2007), pp. 279-90; Wulf Oesterreicher, «Plurilingüismo en el Reino de Nápoles (siglos XVI y XVII)», *Lexis: Revista de lingüística y literatura* (Departamento de Humanidades, 2004), 217-57.

[96] Juan de Valdés, *Diálogo de la lengua*, ed. Cristina Barbolani (Madrid: Castalia, 1982), p. 70.

[97] Benedetto Croce, «Un dialogo tra Giulia Gonzaga e Giovanni di Valdes», *La Critica. Rivista di Letteratura, Storia e Filosofia*, 35 (1937), 385-94; Rosa Navarro Durán, «El Príncipe y el Cristiano en los diálogos de Alfonso de Valdés», en *Los Valdés. Pensamiento y literatura* (Cuenca: Ayuntamiento de Cuenca, 1997), p. 154.

[98] Crews, «De armas y letras: el cursus honorum de Juan de Valdés».

Fig. 2: Jan Cornelisz Vermeyen, *Juan de Valdés*,
circa 1536, óleo sobre tabla de tilo, 40.6 x 31.2 cm.,
colección particular[99].

¿A qué se referían? La teología política de Valdés descrita en el *Alfabeto Cristiano*, consideraba la Monarquía como un ente tutelar sobre lo espiritual. Era un cuerpo político cuyos servidores debían aspirar a la pureza, ejemplos de justicia y verdaderos defensores del bien común. Sus características éticas se basaban en el estoicismo, la contención de las emociones y el dominio interior. Estos principios figuran tanto en el *Alfabeto* como en el *Diálogo*, como advirtiera Daniel Crews al contrastar en ambos textos los pasajes dedicados a la ingeniosidad y la prudencia[100]. Rasgos, añadimos nosotros, que también se observan en los emblemas imperiales de Alciato.

Cuando el emperador estaba en Nápoles, Jan Cornelisz Vermeyen, contratado para dejar constancia gráfica de la gesta de la

---

[99] Subastado en Christie's el 8 de julio de 2022, https://onlineonly.christies.com/s/old-master-paintings-sculpture-online/circle-jan-cornelisz-vermeyen-beverwijk-1504-1559-brussels-104/156258

[100] Crews, «De armas y letras: el cursus honorum de Juan de Valdés»; Croce.

campaña de Túnez, pintó un retrato portátil de Juan de Valdés, una pequeña tabla que actualmente está en una colección privada. Es la única imagen que conservamos de él.

Al igual que en el retrato que hiciera a su hermano Alfonso (fig.1) de dimensiones muy similares, Vermeyen también utiliza el juego del movimiento de manos para reforzar el mensaje, la mano derecha remite también al espacio ochavado, la perfección, la izquierda sujeta un libro, a juicio de Peter Elvy se trata del *Missale Romanum* de 1482 en el que el dedo índice, adornado con un anillo con un pequeño camafeo con la efigie imperial, marca un pasaje[101]. El fondo es una cortina verde, un motivo muy usado por el pintor, en la que destaca un nudo situado sobre la mano derecha a la espalda del sujeto. No comparto la interpretación de Peter Elvy respecto a que simboliza la oposición del reformador al divorcio de Enrique VIII, efectivamente el nudo es símbolo de unión en el amor, pero no necesariamente alude a la indivisibilidad del matrimonio, para quien portase este retrato esta figura le haría recordar el grupo, al vínculo que une a las personas[102].

La estancia de la Corte imperial en Italia durante los años 1535 a 1537 se caracteriza por el refuerzo de los lazos entre el emperador y los potentados de Italia, principalmente Cosme I de Médici, Ferrante Gonzaga, Alfonso I d'Este. Granvela y los Cobos articularon la protección imperial recibiendo a cambio sustanciosos regalos, entre otros el San Juanito de Miguel Angel Buonarrotti que el secretario real instaló en un lugar de honor en su capilla de El Salvador en Úbeda[103].

---

[101] Peter Elvy, «A Tale of Two Sitters: Juan and Alfonso de Valdés», *Bulletin for Spanish and Portuguese Historical Studies Journal of the Association for Spanish and Portuguese Historical Studies*, 40.1 (2015) <https://doi.org/10.26431/0739-182X.1201>.

[102] Vease la voz «NODO» (nº532) y su vínculo con «gruppo», «aggropare» (nº533) y «legame» (nº534) en Francesco Alunno da Ferrara, *La fabbrica del mondo. Nella quale si contengono tutte le voci di Dante, del Petrarca, del Boccaccio e di altri buoni autori con la dichiarationi di quelle et con le sue interpretatione latine* (Venezia: Pavolo Gherardo, 1548), p. 42v.

[103] Michael Hirst, «Sebastiano's Pietà for the Commendador Mayor», *The Burlington Magazine*, 114.834 (1972), 585-95; Francesco Caglioti, «Il "San Giovannino" mediceo di Michelangelo, da Firenze a Úbeda», *Prospettiva*, 145 (2012), 2-81.

La Italia del emperador: restitutio in pristinam

Los primeros cuatro o cinco años que Ignacio de Loyola y sus compañeros pasaron en Italia estuvieron muy vinculados a los *spirituali*, a juicio de John O'Malley recibieron de éstos la más calurosa bienvenida que se podía esperar. Ignacio de Loyola conoció al cardenal Reginald Pole en Viterbo, donde era gobernador, se integró en su pequeña Corte, denominada coloquialmente como *ecclesia viterbensis*, estableciendo contacto con Giulio Contarini, Vittoria Colonna y Matteo Ghiberti. A través de ellos, conoció al cardenal Gasparo Contarini que, desde 1535, lideraba la facción reformista de la Curia, quien se sintió fuertemente atraído por estos "sacerdotes reformados" e hizo los ejercicios espirituales bajo la dirección del propio Ignacio de Loyola. Fue él quien pidió a Paulo III que aprobase la nueva orden, siendo en gran parte responsable de la bula *Regimini militantes ecclesiae* de 1540 por la que quedó reconocida y establecida[104].

Después de la muerte de Juan de Valdés, acaecida en 1541, esta relación entre espirituales y jesuitas se fue enfriando, acabando en hostilidad al finalizar la década. Jean Lacouture indicó que la prohibición de la obra de Juan de Valdés después de su muerte y la feroz persecución de sus seguidores, pudieron tener como causa la competencia por un mercado espiritual muy codiciado, como era el de las cortes italianas, vía de acceso privilegiado a la cámara de los pontífices y al gobierno de la Iglesia[105]. Pero esta divergencia pudo deberse también a los conflictos existentes entre las grandes familias italianas que oscilaban entre el Papa y el emperador, por lo que cabe pensar que la alineación de jesuitas y espirituales en dos bandos

---

[104] John W. O'Malley, *The Jesuits, St. Ignatius, and the Counter Reformation Some Recent Studies and Their Implications for Today* (Saint Louis Missouri: American Assistancy Seminar on Jesuit Spirituality, 1982), pp. 19-20.

[105] Jean Lacouture, *Jesuitas. 1: Los conquistadores* (Barcelona: Paidós, 2006), pp. 221-26.

enfrentados estuviese en consonancia con una nueva división de las familias italianas, más allá de la clásica y tradicional división entre güelfos y gibelinos, que afectó tanto a la Reforma eclesiástica como a la imperial.

Gracias al grupo de los espirituales y la red pro-imperial tejida en suelo italiano, hallamos que, al comenzar la década de 1540, la idea de una restauración o restitución de la autoridad imperial original (*restitutio in pristinam*) tomaba forma y se abría paso como modelo político para Italia. Esta recuperación de la autoridad directa del emperador sobre los dominios italianos alcanzó su cénit cuando en 1546 se invistió al príncipe Felipe como duque de Milán[106].

Ferrante Gonzaga y Antonio Perrenot llevaron con mano firme esta *restitutio in pristinam*, transformando la Italia del emperador en Italia imperial. Las principales casas italianas recelaban del Papa Paulo III Farnese porque al poco de acceder al pontificado fue alejándose de manera cada vez más visible de sus primeras simpatías imperiales, que le permitieron engrandecer su casa y conseguir los ducados de Parma y Piacenza para su hijo Pier Luigi. Este cambio se manifestó con motivo de la conjura del conde Fiesco en Génova, que estuvo alentada desde Roma para derribar a los Doria, dañar el poder de los Gonzaga en el norte de Italia y abrir de nuevo las puertas de Italia al rey de Francia. El Papa quería restablecer el "bilancio", la balanza de poder, donde el pontífice manejaría a su antojo el equilibrio entre los partidarios del rey de Francia y los del emperador, actuando como fiel de dicha balanza. Esta política daba fin al pacto de Bolonia de 1530 donde los italianos se habían sometido al emperador como árbitro de la península y suponía reabrir las guerras de Italia. De esto se percató el embajador ante la Santa Sede, Juan de Vega, que denunció el papel desestabilizador del pontífice y su familia. Por todo ello, no resulta extraño que en 1547 fuera asesinado Pier Luigi Farnese, duque de

---

[106] La decisión se le comunicó al príncipe el 31 de julio de 1546 y recibió la investidura el 10 de agosto de 1546, CD.CV., vol. II, pp. 489-490.

Parma y Piacenza y que, por orden del gobernador de Milán, Ferrante Gonzaga sus dominios fueran incorporados al Estado de Milán[107].

Para Ferrante Gonzaga era evidente que el pontífice se había situado en el bando anti imperial, tratándolo como un enemigo. A su juicio, la creación de la Inquisición romana no sólo tenía como objeto destruir toda posibilidad de concordia dogmática, sino que apuntaba directamente contra el desarrollo de la tercera vía, atemorizando a los asistentes al Concilio e impidiendo que sus trabajos se hiciesen con normalidad. Del mismo parecer era el embajador Juan de Vega a quien la revuelta napolitana contra el virrey D. Pedro de Toledo no le parecía un acto espontáneo sino un acto hostil orquestado desde la Santa Sede. El arzobispo de Nápoles era un *nipote* de Paulo III, Ranunccio Farnese, que además pretendió extender la jurisdicción del Santo Oficio romano al reino, alentando al mismo tiempo el rechazo popular al establecimiento de la española[108].

La tensión fue en aumento cuando se supo que el Papa negociaba una estrecha alianza entre las casas de Farnese y Appiani, casando una sobrina del pontífice con un hijo de Jacobo V de Piombino. Tropas imperiales, al mando de Cosme I de Médicis, tomaran los estados de esta familia incorporando los "presidios de Toscana" al dominio imperial. Poco más tarde, en el verano de 1548, se descubrió en Milán una conjura para asesinar a Ferrante Gonzaga organizada por Ottavio Farnese, con la aprobación de Paulo III para vengar la muerte de Pier Luigi. Pero, pese a la gravedad de los hechos y las pruebas halladas, el emperador ni siquiera amenazó con romper sus relaciones con el Papa, entendiendo que el fondo del problema residía en las tensiones internas

---

[107] F. de Navenne, «Pier Luigi Farnese», *Revue Historique*, 78 (1902), 8-44.

[108] Una descripción de los alborotos en BNE. Ms. 9934, fols. 63v. y ss. Esta cuestión la hemos desarrollado con más atención en Manuel Rivero Rodríguez, «La Inquisición española en Sicilia (siglos XVI-XVIII)», en *Historia de la Inquisición en España y America (vol. III)*, ed. Bartolomé Escandell y Joaquín Pérez Villanueva (Madrid: Biblioteca de Autores Cristianos, 2000), pp. 1031-1222 (pp. 1044-49); Luigi Amabile, *Il Santo Officio della Inquisizioni in Napoli* (Città di Castello, 1892) vol. I, 121 y sig. Tommaso Pedio, *Napoli e Spagna nella prima metà del Cinquecento* (Roma-Bari: Laterza, 1971), pp. 353-58.

de las casas italianas. Lo fundamental era contener a la Casa Farnese manteniéndola a raya las casas imperiales[109].

Sin embargo, esta política de contención a la familia papal acabó teniendo un alto coste, que Diego Hurtado de Mendoza advirtió en uno de sus informes señalando que la solidez de la lealtad de los linajes italianos enflaquecía debido a "la fama y sospecha que se daba en Italia que Vuestra Majestad se quisiese hacer monarca y señor de ella" aconsejando reducir la presencia de italianos en puestos importantes. Por este motivo relevó a Cosme I del mando de la fortaleza de Piombino. Esta política tuvo otra lectura pareciendo que quien tomaba las riendas del partido imperial era la familia Gonzaga a costa de Médicis, Colonna y Toledo[110]. Quizá el temor a que la casa Gonzaga capitalizara en su beneficio la *restitutio in pristinam* llevó a que tanto Cosme I de Médicis como su suegro, el virrey de Nápoles D. Pedro de Toledo se opusiesen a la restitución de la autoridad imperial en Siena, impidiendo también que Andrea Doria se hiciese señor de Génova[111].

Entre los patronazgos papal e imperial había, una diferencia notable que colocaba al papa en desventaja, la imposibilidad de Paulo III de transmitir su Estado a un sucesor, que se traduce en la nula proyección de futuro con que puede arropar sus promesas y las pocas expectativas que podía ofrecer a sus clientes. Si esta rémora era consustancial a todo pontífice, su peso siempre era mayor en el ocaso

---

[109] *Dokumente zur Geschichte Karl's V., Philipp's II. und ihrer Zeit. Aus spanischen Archiven*, ed. J.J. Döllinger (Regensburg: Manz, 1862), p. 71 y 88; Mario Caravale y Alberto Caracciolo, *Storia d'Italia volume XIV: Lo Stato pontificio da Martino V a Pio IX* (Torino: UTET, 1976), p. 265.

[110] Döllinger, pp. 147-48; Angel Gonzalez Palencia y Eugenio Mele, *Vida y obras de Diego Hurtado de Mendoza* (Madrid: Consejo Superior de Investigaciones Cientificas, 1941) vol.II, 88 y 94-95; Vicente de Cadenas y Vicent, *La República de Siena y su anexión a la corona de España* (Madrid: Consejo Superior de Investigaciones Cientificas, 1985), pp. 51-53.

[111] De estas negociaciones estuvo encargado como agente del duque de Alba ante Doria el secretario Juan de Soto, que dio pormenores de esta negociación en un memorial de servicios elevado a Don Juan de Austria el 25 de julio de 1570, AZ. Caja 128 nº 66. Sobre la discusión del proyecto en la Corte vid. carta de Carlos V al príncipe Felipe, Bruselas, 21 de febrero de 1549, CD.CV. vol. III, doc. CDXXVIII, pp. 94-97.

que en el comienzo del pontificado y Paulo III se hallaba ya en el proceso de liquidación, por lo cual su única opción era competir por situar a su familia en una posición que le permitiese reconciliarse con los imperiales. Esta debilidad se consigna en las instrucciones del emperador al príncipe Felipe, redactadas por Granvela y en las que Carlos V hizo pocas correcciones. Al abordar la política italiana, todo dependía de "Don Fernando Gonzaga... por el bien público de toda Italia", Paulo III, que está ya en tiempo de descuento, no merecía ninguna confianza: "El Papa presente es cargado de años (...) para este efecto he enviado a mi embajador en Roma, en que no se pretende otro, ni tengo otro fin, sino que se haga buena election (en el cónclave) y se obvie a las pláticas contrarias". El documento refleja la italianidad con que se contempla al pontífice, una vez que concluyen las reflexiones en torno a la política papal, o, mejor dicho, Farnese, continúa "con los otros potentados de Italia no terneis querella ni pretensión alguna que sepa ni pienso habelles dado ocasion della", es decir, se le sitúa conscientemente en ese ámbito[112].

Entre Paulo III y Carlos V discurrían cuestiones que configuraban sus posibilidades de negociación incluso más allá de los Alpes, porque ambos, además de ser soberanos italianos, ostentaban la autoridad universal del papado y del imperio, pero, como advirtió el embajador Vargas que para alcanzar el éxito en la crisis religiosa debería desestimarse lo *oeconomico* y hacer que prevaleciera lo *oecumenico*, a su juicio la breve experiencia conciliar de 1545-1549 había demostrado que el Concilio sólo había sido una pieza del juego político italiano[113].

La política "privada" de las casas condicionó, transformó y modificó las estrategias e iniciativas de las cortes papal e imperial y de las estrategias de los partidos, grupos o facciones que operaban en ellas. La sensación de caducidad del pontificado de Paulo III orientaba todas las estrategias de cara a un pronto y previsible cónclave. Este fue un factor muy importante en el impulso de la *restitutio in pristinum*,

---

[112] Augsburgo 18 de enero de 1548, CD.CV. vol. II, pp. 575-579.

[113] Francisco de Vargas, "Tratado sobre los concilios", AGS. PR. Lg. 22 n° 108.

pues afianzaba el control político de Italia en un momento tan delicado como el de la sucesión pontificia. Pero, al mismo tiempo, constituía un freno para su desarrollo una vez que se había desbancado la hegemonía Farnese en el complejo imperial. Los consejeros del emperador, principalmente Granvela, fueron conscientes de este peligro y trataron de reagrupar y consolidar la trabazón de su red clientelar. En 1548 se propuso religar Farnese y Colonna por medio de una unión dinástica: "maritiamo Vittoria, nepote di Vostra Beatitudine al figlio di Ascanio (Colonna) e sia fatta la pace"[114]. Otra alternativa, que no llegó a fructificar pese a la mediación del cardenal de Trento fue la de asociar por medio de un matrimonio a gonzagas y farnesios. El cónclave estaba lo suficientemente cerca como para invalidar unas propuestas de última hora que tenían escaso fundamento, para la Historia de la Casa Colonna el pontificado de Paulo III había sido funesto y estaba pendiente la devolución de una gran parte de su patrimonio (especialmente el feudo de Paliano, solar emblemático del linaje)[115]; por otra parte, el pontífice no logró alcanzar una paz general en Italia cuando llegó la hora de su muerte[116].

---

[114] Leone Vicchi, *Marcantonio Colonna (1535 - 1484) : per le nozze di Ortensia Brin* (Firenze, 1890), p. 8.

[115] Relación particular de los servicios que ha hecho a Vuestra Magestad Marco Antonio Colonna, s.d., AGS. E. Lg. 922 nº 261.

[116] Caravale y Caracciolo, p. 265.

Capítulo 3

Quiebra de la unidad de la Casa, postergación de la reforma imperial

Linajes, jesuitas y espirituales

La casa Farnese quedó muy debilitada en el campo de la política italiana después de la crisis de Parma y Piacenza, pero su capacidad para conseguir apoyos y captar adhesiones, por el solo hecho de ser su cabeza el soberano pontífice, le permitían desplegar estrategias mucho más amplias que las de vincular linajes y familias. Paulo III comprendió que la Compañía de Jesús podía tener un papel importante en este juego, favoreció que Ignacio de Loyola fuera elegido prepósito general en abril de 1541 y por la bula *Iniunctum nobis* eliminó en el año 1544 el número límite de miembros de la compañía (establecido en 60 individuos). El Papa estuvo muy atento a la organización de la orden, consciente de que era una organización enteramente nueva y sin precedentes con "una forma di governo isquisitamente monarchico e assoluto" según el juicio de uno de sus primeros historiadores[117]. Los espirituales sin embargo carecían de organización, sus lazos eran informales y formaban una red de distinguidas personalidades, el cardenal Reginald Pole, el cardenal Morone, Cosme I de Médici, Vittoria Colonna, el cardenal Contarini o Giulia Gonzaga, entre otros. Desde su cómoda situación, esta élite cultivada no advirtió la amenaza que se cernía sobre ella. El Papa Farnese había iniciado una sólida

---

[117] Daniello Bartoli, *Istoria della Compagni di Gesù dell'Italia*, ed. Marino Biondi (Firenze: Ponte alle Grazie, 1994), pp. 119-30.

ofensiva, con fuertes cimientos que, en el corto plazo pasó inadvertida, pero que en el largo plazo sería decisiva para fortalecer el poder papal y extinguir la tercera vía.

El 10 de noviembre de 1549 falleció Paulo III. En ese momento Carlos V dominaba casi toda Europa, era señor de numerosos dominios desde Gibraltar hasta el Danubio y soberano de cada vez mayores territorios en el Nuevo Mundo, pero, paradójicamente, disponiendo de mayor autoridad y poder que nunca su Monarquía Universal quedó postergada. A juicio de Denis Crouzet, la idea de monarquía cristiana universal topó con "el colapso del mundo y el comienzo de tiempos de violencia y miedo"[118]. Nada más comenzar el cónclave Carlos V indicó a su embajador y a los cardenales del partido imperial su deseo de que fuera elegido un cardenal inglés o español que llevara a buen término la tercera vía, es decir, que llevara a cabo la reconciliación con los protestantes, que llevara a término el Concilio y que le apoyase frente al rey de Francia. Pensaba en los espirituales y confiaba en el sólido entramado de la "iglesia viterbense" como núcleo de un impulso renovador en el seno de la Curia. En diciembre, en una primera ronda, Reginald Pole obtuvo 24 de los 28 votos necesarios para ser elegido pontífice, el cardenal Alessandro Farnese propuso elevarlo por aclamación, pero el cardenal Caraffa, cabeza de la congregación romana del Santo Oficio, paralizó el intento[119].

La tradicional división entre imperiales y franceses quedó alterada por la irrupción de un vigoroso partido intransigente que defendía la supremacía papal y era contrario a negociar con los protestantes. Por vez primera en mucho tiempo hubo una grave injerencia externa que alteró el curso de la elección papal, interviniendo la Inquisición romana para bloquear la posible elección del cardenal de Inglaterra por sospecha de herejía. Oportunamente,

---

[118] Denis Crouzet, *Charles Quint. Empereur d'une fin des temps* (Paris: Odile Jacob, 2017).

[119] Ludwig Freiherr Von Pastor, *History of the Popes from the close of the Middle Ages* (London: Kegan Paul, Trench, Trubner & Co., LTD., 1938) vol. XIII, pp. 1-44.

Giovanni della Casa publicó un índice de libros prohibidos que incluía *El beneficio de Cristo* de Juan de Valdés, lectura de referencia y manual de espiritualidad del grupo de Viterbo[120].

El partido imperial estaba dividido, la tercera vía no hallaba el consenso necesario y cabe pensar que existía una brecha entre los potentados de la Italia seguidores del emperador. Las discusiones se prorrogaron durante dos meses. Finalmente, el cónclave se resolvió en favor de un candidato aceptable para la parte imperial gracias a la intervención de Cosme I de Médici quien logró que la elección se resolviera en el cardenal Giovanni Ciochi del Monte el 8 de febrero de 1550, aceptado por todos no por sus cualidades sino por su filiación desconocida y el poco o escaso peso de su casa[121]. Nada más ser elegido, el 17 de febrero, el Papa del Monte anunció su deseo de restituir los bienes de la Casa Colonna y la inmediata devolución de Parma a Octavio Farnese marcando distancias con la política imperial, que abogaba por todo lo contrario[122]. Con todo, el nuevo pontífice fue coronado con el nombre de Julio III el 22 de febrero, siendo notorio que los Médicis intervinieron para elevar al solio a un cardenal casi irrelevante que emergía de la sombra, agradecido y devoto de la familia florentina. La sagacidad diplomática del duque de Florencia reportó de manera inmediata los primeros beneficios para el emperador y sus intereses: El Concilio reanudó sus trabajos y parecía que estaba al alcance de la mano la pacificación de Italia y la Cristiandad.

Mientras tanto, observamos el progresivo deterioro y desmantelamiento de los espirituales y, con ellos, de la Italia del emperador.

---

[120] Paolo Simoncelli, *Il caso Reginald Pole: eresia e santità nelle polemiche religiose del secolo XVI* (Roma: Edizioni di storia e letteratura, 1977); Maria Antonietta Visceglia, *Morte e elezione del papa norme, riti e conflitti : l'età moderna* (Roma: Viella, 2013), p. 262.

[121] "Capitulationes, divissiones, concessiones et alii particularis observationis factae in conclav. July Papae 3, anno 1550", *Libro primo delli conclavi nel quale si contengono l'elettione delli pontifici et alcune lettere de principe et pratiche d'ambasciatori fatte al collegio di cardinali sopra dette elettioni et alcune orationi d'obedientie et altre cose*, AHN. E. Lb. 744, fols. 108 v°-113.

[122] Vicchi, p. 9; Pastor, p. vol XIII, 71-72.

Como ya señalamos más arriba, para que la Compañía de Jesús triunfase en Roma era necesario que compitiese con los espirituales. Francisco de Borja desempeñaría un papel fundamental en este cometido. Ingresó en la Compañía en 1548 haciendo secretamente sus votos y con privilegio de vestirse de seglar y administrar su ducado de Gandía. Su linaje se contaba como uno más entre las familias de los potentados de Italia, sus antepasados habían sido papas y se habían arraigado en la península. Borja o Borgia era un apellido que se integraba en una red que alcanzaba a los Sforza, Medici o Colonna sin ir más lejos. Ignacio de Loyola vio su potencial en sus relaciones sociales, encomendándole una actividad de relaciones públicas que ningún otro podría desempeñar. Fue tan importante su captación para la Compañía, que le permitió ascender en muy poco tiempo saltando toda norma y convención. Así, Borja fue la llave con la que se abrió el hermético mundo de la aristocracia italiana y, gracias a su mediación, Ignacio de Loyola se especializó, hasta su muerte, más que en dirigir la Compañía en actuar como consejero de las principales familias romanas y estas encomendaron a los jesuitas la reforma de sus estados[123].

Borja viajó a Italia en agosto de 1550, presentándose más como duque que como sacerdote. Nunca renunció a su condición noble, mantuvo una actitud dual, jugando a conveniencia con su condición de noble italiano o de jesuita, administrándolas con *sprezzatura* cortesana. Sus entrevistas dieron el fruto deseado, la familia Este en Ferrara se puso a disposición de la nueva orden:

> "Però per risposta non mi occorre dirle altro, senonché circa quello, che V.S. Illma. scrive hauer' detto al R.P. Ignacio, della buona uolontate chio ho, che si habbia ad far' il collegio di quella Compagnia christiana in questa terra, replico di nouo che non farò per mancar' a quanto ella le hauerá promesso in nome mio per conto di detto collegio; et in tutto quello che honestamente potró aiutar si bona

[123] M.H.S.J. *Bobadillae Monumenta*, pp. 492-3, 530-1, 628, 654.

opera, et far' piacere a loro Compagnia, lo faró sempre uolontieri"[124].

Basta detenerse en el relato de las cortesías y agasajos dispensados por los duques de Ferrara y de Florencia que muestran al jesuita despojado sólo de una parte de su persona secular:

"Entrado en Italia, llegó al Duque un criado de Hércules de Este, duque de Ferrara (que era su tío, primo hermano del duque D. Juan, su padre), con cartas en que le rogaba encarecidamente que hiciese su camino por Ferrara, porque deseaba verle en su casa y servirle como era razón. Hízolo el duque D. Francisco, y fue recibido del Duque su tío con gran fiesta y regocijo, y regalado y servido más de lo que él quisiera. Pero en medio de las fiestas y regocijos él estaba tan dentro de sí, que no podía dar razón de nada. A la noche, llegando al aposento donde le llevaban á dormir, colgado de ricos brocados, con la cama de lo mismo despedía los que le acompañaban, cerraba las puertas y, hecha su oración, se echaba á dormir vestido sobre una alfombra que estaba en tierra á los pies de la cama. De esta manera gozaba de los sabrosos bocados de la honra y de los contentos que el mundo le ofrecía. Por este mismo norte se gobernó en Florencia en casa del gran duque Cosme de Médicis, donde también se hospedó, no consintiendo aquel Príncipe otra cosa, aunque más se quiso excusar el duque D. Francisco. En Ferrara no le pudo detener el Duque más de cuatro días, ni el de Florencia más de dos, porque se le hacían largas las horas hasta verse en Roma con su Padre San Ignacio, y así con mucha diligencia prosiguió su camino"[125].

Julio III fue alejándose de la política imperial a toda velocidad y no creo que estas redes que tejían los jesuitas fueran indiferentes a este hecho. No sin agudeza, el embajador imperial en Trento, Vargas,

---

[124] El duque de Ferrara "al Illmo. Signor, Parente honoratissimo, il signor duca di Gandia" Ferrara, 26 de noviembre de 1550, M.H.S.J. *Sanctus Franciscus Borgia, quartus Gandiae dux et Societatis Jesu praepositus generalis tertius* Vol. II, nº 90, pp. 705-706.

[125] Juan Eusebio Nieremberg, *Vida del Santo padre... El B. Francisco de Borja, tercero general de la compañia de Jesus... Vàn añadidas sus obras, que no estavan impressas antes, por el P. Juan Eusebio Nieremberg,...* (Madrid: por Maria de Quiñones, 1644), p. 121.

había observado que la Reforma de la Iglesia estaba sujeta a la contingencia política inmediata y que la suerte del Concilio, incluso en materia de dogma y doctrina se hallaba íntimamente ligada a esta realidad[126]. Hace tiempo, Heinrich Lutz volvía sobre esta cuestión, advirtiendo que la historiografía había descuidado y minusvalorado un componente fuerte de la génesis e historia del Concilio, su desarrollo como espacio que Carlos V afronta como "príncipe territorial", una cuestión de fondo subvalorada y arrinconada por virtudes o propósitos de mayor envergadura, como la vocación universalista del emperador, sus convicciones religiosas, un imperialismo militante, una mal disimulada intolerancia etc... pero poco o nada se ha dicho respecto al peso de su "interés particular"[127].

La sucesión en la Casa de Habsburgo

Toda expectativa de sucesión supone un momento crítico para una dinastía. En 1551 la iniciativa imperial quedó paralizada y en suspenso en tanto se discutía en Augsburgo el procedimiento a seguir para suceder al emperador, dando lugar a una agria disputa entre éste y su hermano Fernando I, Rey de Romanos. El distanciamiento entre ambos hermanos abría fisuras en el complejo imperial y, según se agrandaba éste, éstas también se agrandaban, dividiendo el entramado de poderes, casas y linajes asociados a la Casa de Habsburgo. En el pulso entablado entre Carlos V y Fernando I, la captación de clientelas para asegurarse áreas de poder e influencia tuvo un papel capital para decidir la sucesión y el futuro de la Casa. Si Fernando no hubiese desplegado su patronazgo para asegurarse la adhesión de la nobleza

---

[126] Capitulationes, divissiones, concessiones et alii particularis observationis factae in conclav. July Papae 3, anno 1550, *Libro primo delli conclavi nel quale si contengono l'elettione delli pontifici et alcune lettere de principe et pratiche d'ambasciatori fatte al collegio di cardinali sopra dette elettioni et alcune orationi d'obedientie et altre cose*, AHN. E. Lb. 744, fols. 17rº-18rº.

[127] Heinrich Lutz, «Carlo V e il Concilio di Trento», en *Il Concilio di Trento come crocevia della politica europea*, ed. Paolo Prodi (Bologna: Il Mulino, 1979), pp. 40-43.

alemana, difícilmente podría haber negociado el futuro de su hijo Maximiliano y menos aún hubiera podido doblegar los propósitos de Carlos forzándole a resignarse a una partición del patrimonio, que no quería ni deseaba[128].

Los arduos debates, mantenidos en un ambiente de susceptibilidad y desconfianza entre mayo de 1550 y la primavera de 1551 desembocaron en una serie de acuerdos que, a la postre, dividían la casa en dos. Algunas cláusulas pretendían mantener una unidad formal por medio de vínculos que posibilitasen en un futuro la coordinación entre Felipe y Maximiliano, pero nadie se hacía ilusiones respecto a su cumplimiento, dado que, como señala Kohler no se plasmaron por escrito y no había una idea muy clara de los contenidos, acordándose vagamente la alternancia de los herederos de los dos hermanos. En realidad, la disputa no se había resuelto queriéndose aparentar lo contrario. Se suponía que cuando Fernando I fuera elegido emperador designaría a Felipe como sucesor y le conferiría el "vicariato imperial de Italia", asegurándole el dominio sobre la península[129].

Como es lógico, todo esto pesó en la reanudación de la política restitucionista, concretamente en la guerra de Parma y en la incorporación de Siena. Mientras el príncipe Felipe consideró que podría suceder a su padre en la integridad de los dominios y, cuando menos, mantener Italia bajo su autoridad, alentó la continuación del proceso de restituciones. Por eso mismo, mostró su aprobación de manera entusiástica al plan presentado por el cardenal Granvela, Ferrante Gonzaga y el embajador imperial en Roma, Diego Hurtado de Mendoza para proceder a la incorporación de la República de Siena. En verano se construyó una fortaleza donde se alojó una guarnición

---

[128] Bohdan Chudoba, *España y el Imperio (1519-1643)* (Madrid: Sarpe, 1986), pp. 71-76; Alfred Kohler, *Carlos V: 1500-1558, una biografía* (Marcial Pons, 2000), pp. 349-56.

[129] Alfred Kohler, «El "viaje de sucesión" de Felipe II al Sacro Romano Imperio», en *Felipe II (1527-1598). Europa y la Monarquía Católica. Vol. I, 1.*, ed. José Martínez Millán (Madrid: Parteluz, 1998), pp. 463-70.

comandada por Mendoza, esta fuerza permitió anular las libertades de la ciudad y someterla[130].

Sin embargo, al cerrarse en falso la sucesión imperial y al existir dudas muy razonables sobre el cumplimiento de la concesión del vicariato imperial al príncipe Felipe, comenzó a replantearse la conveniencia de la política de *restitutio*. Al mismo tiempo, Felipe no confiaba en los consejeros que habían monopolizado la política italiana del emperador, Granvela y Gonzaga, que estaban siendo desplazados por el ascendiente del duque de Alba[131]. Así, la sucesión repercutía tanto en lo que se refería a la suerte de la "soberanía" sobre Italia como al proceso de cambio de los cuadros dirigentes en el seno de la Corte, donde los hombres del príncipe comenzaban la pugna por ocupar el lugar de los hombres del emperador. En este contexto, se desencadenó una furiosa campaña de desprestigio para remover a Gonzaga de su puesto de gobernador de Milán y capitán general de Italia, acusándolo de toda clase de abusos y cargando a su incompetencia los resultados adversos de la guerra de Parma y las dificultades para sujetar Siena[132].

Mientras tanto, la incertidumbre se iba apoderando del curso de la política, las casas italianas se mantenían a la expectativa, al tiempo que los servidores de la Casa de Habsburgo se hallaban paralizados y sus lealtades escindidas. El 26 de julio de 1551, Diego Hurtado de Mendoza escribía a Ferrante Gonzaga expresándole sus dudas, no podía ocultarle su confusión, confesando no saber qué hacer pues temía estar beneficiando a Fernando I y perjudicando al príncipe

---

[130] Cadenas y Vicent, *La República de Siena y su anexión a la corona de España*, pp. 47-60; Erika Spivakovsky, «El vicariato de Siena. Correspondencia de Felipe II, príncipe, con Diego Hurtado de Mendoza y Ferrante Gonzaga», *Hispania*, XXVI.104 (1966), 583-91.

[131] Cadenas y Vicent, *La República de Siena y su anexión a la corona de España*, pp. 79-92; William S. Maltby, *El gran Duque de Alba : un siglo de España y de Europa, 1507-1582* (Madrid: Turner, 1985), pp. 95-101; Carlos José Hernando Sánchez, *Castilla y Nápoles en el siglo XVI: el virrey Pedro de Toledo* (Valladolid: Junta de Castilla y León, 1994), pp. 117-50.

[132] Federico Chabod, «Usi e abusi nell'Amministrazione dello Stato di Milano a mezzo il '500», en *Studi storici in onore di Gioacchino Volpe* (Firenze: Olschki, 1958), pp. 95-194.

Felipe: "sin saber si (Siena) ha de ser para el Rey de Romanos que es tío de mi príncipe, o para el rey de Bohemia que es primo hermano suyo, por los quales yo no daría un paso"[133].

El 28 de abril de 1552, el pontífice, al suspender *sine die* las reuniones del Concilio de Trento, rompía de forma pública su adhesión a la política imperial, la suspensión sólo fue la caja de resonancia en la que se anunciaba un cambio de correlación y composición de las fuerzas en liza en el tablero italiano y europeo[134]. Las victorias militares de Enrique II y de los príncipes alemanes, la huida del emperador de Innsbruck y la cercanía geográfica los campos.de batalla respecto a Trento aconsejaban la suspensión, no así el que no se reanudasen las sesiones en el verano, ya concluida la guerra. Pero entonces, Carlos V carecía de fuerza para imponerse, no tanto por su derrota sino también por los problemas abiertos con su sucesión[135].

Como se puede apreciar, el problema sucesorio repercutía de forma directa en el conjunto de la política imperial. Su desmoronamiento se aprecia en Italia de manera muy clara, al convertirse en un espacio en disputa entre las dos ramas de la Casa. Los consejeros del príncipe proyectaron una salida que había de forzar a Fernando I a reconocer el vicariato imperial de Italia a su sobrino situándole ante hechos consumados, Carlos V debía proveer a su primogénito el título de "vicario imperial de Siena" y así "estrechar más el gobierno por un cabo". Para obtener dicha ventaja se precisaba ahora más que nunca el apoyo de Roma y sin embargo, Julio III decidió inhibirse, adoptando una posición muy semejante a la adoptada en esas mismas fechas con respecto al Concilio. No dispongo de datos ni de elementos suficientes para asegurar lo que planteo sólo como hipótesis,

---

[133] Spivakovsky; Cadenas y Vicent, *La República de Siena y su anexión a la corona de España*, pp. 95-104.

[134] Caravale y Caracciolo, pp. 273-78.

[135] Gianvittorio Signorotto, «Note sulla politica e la diplomazia dei pontefici (da Paolo III a Pio IV)», en *Carlo V e l'Italia*, ed. Cesare Mozzarelli (Roma: Bulzoni, 2000), pp. 47-76; Hubert Jedin, «Origen y penetración de la reforma católica hasta 1563», en *Reforma protestante, reforma católica y contrarreforma*, ed. Hubert Jedin (Barcelona: Herder, 1986), pp. 626-79.

pero da la impresión de que el Papa prefería facilitarle las cosas a Fernando I, le permitió actuar con libertad para ganar la confianza de los príncipes alemanes y asentar la paz religiosa (lo cual acabó con toda posibilidad de "sucesión española" del Imperio) y no le puso las cosas fáciles a Felipe en Italia[136].

La independencia del Papa se manifestaba de manera clara y abierta cuando en julio de 1552 los sieneses se sublevaron contra el emperador. El pontífice respondió con malos modos a los insistentes requerimientos del embajador imperial para que apoyase a Carlos V y cooperase en la represión de los rebeldes[137]. En público, Hurtado de Mendoza consideró poco relevante la inhibición del pontífice desde el punto de vista político y militar, si bien debía reconocer que, en cuanto al prestigio, la negativa dejaba en una posición muy desairada a las fuerzas imperiales. Con todo, confiaba en que la nobleza romana participaría activamente y que las fuerzas de los Colonna, Orsini y otros permitirían sofocar rápidamente el levantamiento. Pero la posición del pontífice tenía más valor del que él le atribuía. La respuesta de Ascanio Colonna le dejó perplejo, como también la constatación de que Julio III planteaba una neutralidad beligerante que ya había premeditado, Colonna "seguirá la fortuna de Su Santidad, que le ha dado el Estado". Con él el resto de la nobleza romana marcaba distancias con el emperador[138].

El duque de Florencia había sido el único en responder afirmativamente a la petición de auxiliar a la guarnición imperial de Siena, pero realmente no hizo nada. El virrey de Nápoles tampoco mostró entusiasmo y se quedó a la expectativa y sólo el gobernador de Milán respondió con la celeridad necesaria para auxiliar a los imperiales en Siena. Sin embargo, cuando se dio la jefatura militar de la guerra al duque de Alba, los aliados participaron activa y

---

[136] Spivakovsky.

[137] El cardenal de Jaén al príncipe Felipe, Roma 23 de julio de 1552, AGS. Estado Legajo 877, nº 114.

[138] Diego Hurtado de Mendoza al emperador, Florencia 12 de agosto 1552, AGS. Estado Legajo 877, nº 37.

eficazmente para reprimir la sublevación. Esto hizo reflexionar a Diego Hurtado de Mendoza sobre la fragilidad del poder imperial, comprendió que éste no discurría sobre la línea diáfana de sus intereses, sino que cabalgaba a lomos de una intrincada madeja de políticas familiares no siempre coincidentes y frecuentemente en conflicto[139].

De la Italia del emperador a la de Felipe II

El verano de 1552 fue un momento especialmente delicado para la causa imperial, Don Pedro Pacheco, cardenal de Jaén, agente oficioso del príncipe[140], manifestó su pesimismo "por estar tan deshecha la parte Gebelina como está por falta de la cabeça della". No había jefatura y los potentados que apoyaron la causa imperial estaban divididos y disconformes. Consideraba que "importando lo que importa lo de Roma para las cosas de Italia y aún de la Cristiandad", había que reconquistar posiciones en este orden Roma-Italia-Cristiandad. Pacheco servía a su patrono sirviéndose a sí mismo y utilizaba el patronazgo de su señor para adquirir fuerza y presencia en la Corte romana, con vistas a un futuro cónclave, como cualquier otro cardenal con ambiciones políticas[141].

La Casa Colonna, era el primer eslabón de la cadena, si ésta se colocaba en la "devoción" del príncipe, Roma estaba asegurada. El problema lo constituía el jefe de la Casa, Ascanio Colonna, que había unido su fortuna a la del Papa. Pero no todo estaba perdido, dentro de la familia existía una fuerte contestación a Ascanio, encabezada por su primogénito, Marco Antonio quien, desobedeciendo a su padre se había unido a las fuerzas imperiales en la guerra de Siena. Esta división podía explotarse para recuperar el ascendiente sobre la "parte gibelina"

---

[139] Gonzalez Palencia y Mele, vol. II, p. 364.

[140] El cardenal de Jaén al príncipe Felipe, 23 de Julio de 1552, AGS. Estado Legajo 877 fol. 114.

[141] Informe sin fecha del cardenal Pacheco, año 1552, ibidem nº 130.

presentándose los agentes del príncipe, los cardenales Pacheco y Santa Fiore, como mediadores cuyos buenos oficios reconciliarían a padre e hijo bajo el manto protector de la Corte hispana[142]. Como es natural, Julio III no había pasado por alto estas circunstancias y se adelantó llamando a Roma a todos los miembros de la familia para acordar en su presencia una reconciliación pública[143]. Para tan delicada misión recurrió a Ignacio de Loyola, que obtuvo un éxito inicial, al convencer a la esposa, Juana de Aragón, para que acudiese a la llamada del pontífice atrayendo ésta a sus hijos. Pero fue un triunfo parcial, según lo relata Ribadeneyra en su biografía del fundador de la Compañía de Jesús "Aunque después viniendo ella a Roma para vivir con su marido, como lo había prometido a nuestro padre (Ignacio de Loyola), ciertos cardenales y otras personas de calidad que pusieron la mano en ello, lo borraron y echaron a perder"[144].

Da la impresión de que Marco Antonio y su madre, Juana de Aragón no tenían ganas de llegar a un acuerdo, su llegada a Roma estuvo acompañada de una intensa campaña que exigía la intervención imperial en el pacto y su rápida salida (el 28 de diciembre, al día siguiente de entrar en la ciudad) confirmó que sólo les preocupaba conseguir la deposición de Ascanio. Ribadeneyra e Ignacio de Loyola apreciaron que, además, no les satisfacía que el acuerdo fuera auspiciado por el Papa prefiriendo que viniera de la mano del emperador. Aquí entraba en escena Felipe II[145].

[142] El cardenal Sta. Fiore a S.M., Roma 10 de diciembre de 1552, ibidem, n° 137.

[143] Camillo Colonna al emperador, 15 de diciembre de 1552, ibidem, n° 158.

[144] Ricardo García-Villoslada, *San Ignacio de Loyola: nueva biografía* (Madrid: Biblioteca de Autores Cristianos, 1986), pp. 542-43; Para todo lo relacionado con Marco Antonio Colonna véase Nicoletta Bazzano, *Marco Antonio Colonna* (Napoli: Salerno, 2003), pp. 29-66.

[145] Hubo una campaña informativa para indicar que el acuerdo no fructificaría y que en la Corte cesárea debían adoptarse decisiones previendo el fracaso, así los indica en sus cartas el cardenal de Santa Fiore (18 y 29 de diciembre de 1552) al tiempo que destacados miembros de la Casa solicitaban la intervención imperial para poner orden (cartas al emperador del arzobispo Colonna, Julian Cesarino y del patriarca Colonna de 21 a 29 de diciembre), la propia Juana de Aragón escribía al emperador el 28 de diciembre

Los partidarios del entonces rey de Inglaterra y Nápoles en Roma abogaban por un "golpe de Estado" para situar a la Casa Colonna bajo la "devoción española" y tanto Pacheco como Santa Fiore escribían para que se autorizara a Marco Antonio a desposeer a su padre por la fuerza. Este proyecto discurría por los márgenes de la política imperial, Carlos V tenía la última palabra y tanto él como su nuevo embajador en Roma, D. Juan Manrique, se resistían a dar semejante autorización y Julio III ni siquiera concebía que se pudiese hacer eso[146]. Ascanio Colonna, por su parte, jugaba con la buena voluntad del papa y los escrúpulos del emperador para desposeer a su mujer e hijo, además, al advertir la figura ascendente del rey Felipe inició conversaciones para concertar la boda de su hija con Don García de Toledo, buscando el amparo del duque de Alba[147].

La solución de los conflictos en Italia se fue ligando a concesiones a los potentados, que pasaban por el entorno del príncipe Felipe. Cuando en septiembre de 1554 recibió la investidura del reino de Nápoles y (públicamente) la del ducado de Milán, muy poco antes de su matrimonio con la reina de Inglaterra, el proceso quedó cerrado. El emperador escribió a los potentados italianos en términos que no ofrecían duda del carácter absoluto de esta cesión quedando en manos del Rey de Nápoles e Inglaterra todo lo que antes corría por "beneficio, protection y deffension suya"[148]. Incluso el embajador en Roma debía dirigir a partir de ese momento sus despachos y consultas a la Corte londinense[149].

Uno de los primeros efectos de este cambio fue el cese inmediato de Diego Hurtado de Mendoza quien no llegó a comprender ni asumir

---

informándole de todo lo sucedido y le solicita que defienda a sus hijos, sus estados y el "servicio" a la corona (todo en AGS. Estado Legajo 877, nos 160-164).

[146] Cartas de Juan Manrique de Lara entre mayo y octubre de 1553 y de Julio III a Ascanio Colonna (sin fecha) 1553, AGS. Estado Legajo 879 nos 35 a 76 y 81-83.

[147] Cartas de Juan Manrique de Lara al emperador, Roma 28 de septiembre, 6 y 14 de octubre y 18 de noviembre de 1553, ibidem. 879 nos 76 y 93.

[148] El emperador a D. Francisco de Toledo, las repúblicas de Génova y Luca y al duque de Florencia, 5 de septiembre de 1554, AGS. Estado Legajo 1046, nº 91.

[149] El emperador al embajador Figueroa, 5 septiembre 1554, ibidem.

la decisión[150]. Pedro Pacheco fue nombrado virrey interino de Nápoles y aprovechó que ya no era ministro del emperador para escribir a Marco Antonio Colonna instándole a tomar por la fuerza los dominios y posesiones de su padre en Romagna, Lazio y Campania. Ascanio, perseguido por su hijo entró en el reino de Nápoles, donde fue capturado y encarcelado por orden del virrey, notificando a Londres el éxito de la operación[151]. El 25 de noviembre de 1554, el rey Felipe confirmó como virrey titular a Pacheco, con ello apoyaba y reafirmaba la división de los coloneses y tomaba distancias respecto al emperador. Una carta de Ascanio Colonna, escrita en presidio, solicitando a Carlos V su intervención para impedir la persecución desatada contra él y sus servidores exponía de forma muy clara las consecuencias de la cesión del reino para el partido imperial[152].

Tampoco había consenso entre los servidores de Felipe II. El duque de Alba protestó por el trato dado a Ascanio Colonna, de cuya lealtad daba fe "como si fuera su propio hermano", intentando infructuosamente proseguir las negociaciones de una reconciliación familiar que Marco Antonio denunció por parcial y orientada a favorecer los intereses de la Casa Toledo[153]. Y no cabe duda de que, en parte, no le faltaba razón. El duque había empleado el respaldo de Felipe II para desalojar a Gonzaga de la jefatura imperial en Italia, había explotado su posición de "hombre del emperador" para decidir su liderazgo en el partido hispano, había potenciado la red Toledo-Médicis como el soporte sobre el que se desarrollaba un poder casi autónomo... pero le faltaba Roma y quizá, en su fuero interno, estaba convencido de que ésta constituía la clave para garantizar a largo plazo la estabilización de sus progresos. Consideraba que, en el fondo, lo que estaba en disputa era hacerse con las riendas de la política matrimonial

---

[150] Gonzalez Palencia y Mele, p. vol II, pp. 284-289.

[151] Relación de lo acontecido entre Marco Antonio y Ascanio Colonna, el Cardenal de Sigüenza a Felipe II, Nápoles 20 de septiembre de 1554. AGS Estado Legajo 1046, nº 59.

[152] Ascanio Colonna al emperador, Castelnovo 12 de noviembre de 1554, ibidem nº 122.

[153] El duque de Alba al cardenal de Perusa, Bruselas 28 de febrero de 1555, EA. vol. I nº 56 p. 66 y cartas del duque de Alba a M.A. Colonna, Bruselas 25, 28 y 30 de abril de 1555, ibidem nº 64 y 69, p.75 y p. 82.

de la Casa Colonna[154], porque quien lo hiciera decidiría a largo plazo el futuro de Roma y de Italia, como D. Juan Manrique, Pacheco y Julio III vieran con claridad tiempo atrás[155].

Al entrar en el conflicto interno de la Casa Colonna, el duque de Alba intentaba reproducir la estrategia abierta por Pacheco, ofreciendo su propia alternativa. Lógicamente, esto iba a provocar una tremenda confusión en el ambiente proimperial de la Curia porque Pacheco, con el cardenal de Santa Fiore, un Sforza, había ya tejido una densa red clientelar y de parentesco a partir de la jefatura de Marco Antonio Colonna[156].

Apoyando a Ascanio, el duque trataba de reducir un complejo integrado sobre la asociación de las casas Sforza-Colonna-Gonzaga-Doria que se imponía como un serio rival del complejo Toledo-Médicis. Esta red se había creado a partir de la intermediación de los cardenales Pacheco y Santa Fiore para concertar matrimonios entre diversas familias. El cardenal Santa Fiore desde la Curia, afianzó su posición en la Corte papal mediante el matrimonio del conde de Santa Fiore con una hija de Vincenzo de Nobili, familiar de Julio III y proyectó casar a su sobrino, Paulo Giordano Orsini, con una hija del duque de Florencia[157]. Pacheco medió para concertar el matrimonio de Pompeyo Colonna (hijo de Camillo Colonna) con Orithia Colonna (hija de Marcio Colonna) confirmando la vinculación de dos ramas del linaje a la lealtad de Marco Antonio[158]. El 6 de abril de 1554, Ascanio logró impedir que se concertase el matrimonio de una de sus hijas con Luis Caraffa, príncipe de Stigliano, cuyas negociaciones había llevado

---

[154] El conde de Alba a M.A. Colonna, Milán junio de 1555, ibidem nº 219 pp. 241-2.

[155] Relación de las cartas de D. Juan Manrique de 30 de mayo, 7, 8 y 10 de Junio de 1553; AGS. Estado Leg.879 nº 35.

[156] Esta idea se enunciaba en una carta de Santa Fiore al emperador, en la que se justificaba por negociar los matrimonios de las hijas de Ascanio por estar autorizado por Marco Antonio y por su parentesco con su madre, Juan de Aragón. Roma 26 de diciembre de 1552, AGS. Estado Legajo 877 nº162.

[157] Relación de cartas de D. Juan Manrique de Lara de 24 y 28 de junio y 14 de julio de 1553; AGS. Estado Legajo 879 nº 43.

[158] D. Juan Manrique de Lara a SM, Roma 14 de julio de 1553, ibidem nº52.

Pacheco con el ánimo de ganarse a los Caraffa napolitanos con fuerte ascendencia en la Curia debido a que el cardenal Caraffa era inquisidor general, viéndose obligado a buscar una alternativa e impedir que Stigliano se alejase de su influencia, por lo que pensó en casar al hijo de Stigliano con Hipólita, la hija de Ferrante Gonzaga[159]. Al mismo tiempo, lograba un acuerdo matrimonial entre las casas Colonna y Doria de una gran trascendencia política, pues en las capitulaciones matrimoniales consta el nombramiento de Marcantonio Colonna como lugarteniente de Doria (cargo que había de ratificar el rey Felipe)[160]. Finalmente, el cardenal-virrey recuperó a un viejo servidor imperial, Ferrante Gonzaga, instado a emparentar con Colonna "yo le llamé que viniesse aquí y venido le dixe lo que me parecía y el contentamiento que V.Md. tendría que se effectuase este matrimonio por ser Ascanio y él servidores de V.Md.". Se había cerrado el círculo, Vespasiano Colonna casaba con Giulia Gonzaga y la hermana de Marcantonio con el hijo de Andrea Doria[161].

No obstante, uno de aquellos pactos, como el Colonna-Doria se reveló inconsistente dividiendo más que uniendo a ambas casas hasta devenir en una profunda enemistad, articulando dos partidos hispanos en liza sobre suelo italiano, Alba apoyó a Doria[162], Pacheco y Bernardino de Mendoza a Colonna[163]. El hecho de que Felipe II fuera rey de Nápoles y duque de Milán no significa que fuera "Vicario Imperial de Italia". Por lo tanto, su partido estaba muy limitado, además, pese a sus títulos de rey y duque seguía sometiendo a consulta con su padre los asuntos de Italia, porque en su calidad de príncipe heredero y de hijo le debía obediencia filial y también en su calidad de feudatario del Imperio. Por esa misma razón, el "partido imperial" seguía disponiendo de fuerza, la suficiente como para que Granvela siguiese disponiendo de peso en los asuntos italianos (en parte gracias

---

[159] AGS. Estado Legajo 1047 n°s 84-5.

[160] El cardenal de Sigüenza, Nápoles 17 de septiembre de 1554, ibidem n° 114.

[161] El cardenal de Jaén al Emperador, Nápoles 10 de febrero de 1554, ibidem n°s. 84-85.

[162] El duque de Alba al emperador, Tricerri 24 de julio de 1555, EA. vol. I n° 248 p. 274.

[163] El duque de Alba a S.M., Vianza, 5 de agosto de 1555, ibidem n° 254 pp. 284-6.

al duque de Alba) y para impedir que servidores como Gonzaga o Hurtado de Mendoza sufriesen represalias.

Siena constituye una magnífica ilustración de este estado de cosas, entre Felipe y el emperador había profundas diferencias respecto al futuro de la ciudad. El rey-príncipe era partidario de cederla a Cosimo de Médicis y combinaba argumentos de interés propio y de protección clientelar ("esta guerra no se sostiene ni se hace por haber a Sena sino por defender a Nápoles" al tiempo que debe considerarse "la obligación que agora tenemos de mirar por la seguridad y conservación del duque de Florencia y quan mal paresçeria no hacello") criticando los reparos de Carlos V, quien, por lo que se ve, no había renunciado totalmente a la *restitutio in pristinum*: "Yo querría mucho justificar mis actiones para con todo el mundo de no pretender estados agenos"[164]. Estos escrúpulos no los manifestó a la hora de aceptar la investidura de Milán, como tampoco su padre parece que siguiese una línea clara al respecto pues en su testamento dejaba ordenada la devolución de Parma a Octavio Farnese: "porque no es ni ha sido nuestra intención ni voluntad que por Nos ni de los que de Nos hubieren título y causa sea retenida cosa alguna sin justo título"[165]. Cada caso particular precisaba un tratamiento particular y estas contradicciones nacían de la ausencia de un único centro de toma de decisiones, difuso y sujeto a diversas situaciones contingentes del rey-príncipe, del emperador, del rey de romanos, del papa, y de todos y cada uno de los potentados tomados individualmente y de todas y cada una de las cortes particulares y las luchas políticas existentes en su seno. Eso, sin contar con la Casa de Valois, siempre presente como polo opuesto y alternativa utilizable para contrarrestar a la Casa de Habsburgo. Mientras Carlos V no muriese o abdicase todo estaba abierto[166].

---

[164] Felipe II al emperador, Londres 16 de noviembre de 1554, AGS. E. Lg. 808, fol. 54.

[165] «Testamento del emperador Carlos V de gloriosa memoria», Bruselas 6 de junio de 1554 Prudencio de Sandoval, *Historia de la vida y hechos del emperador Carlos V*, Madrid (Madrid: Ed. Atlas, 1955) vol. III, p. 549 a y b para lo tocante a Milán y p. 546 b.- 547 a. en lo tocante a Parma.

[166] Brandi, pp. 463-70.

Capítulo 4

El régimen de Felipe y María, tercera vía y restauración católica

Reginald Pole y la reforma de Inglaterra

En el cónclave de 1550 el cardenal Reginald Pole perdió la elección papal por muy poco. Si hubiese sido coronado pontífice la Historia de la Iglesia hubiera sido muy diferente y, aunque no es este lugar para plantear contrafácticos, tampoco hubiera sido una Iglesia tolerante y abierta, simplemente distinta. Después del cónclave se retiró al monasterio cartujo de Maguzzano y hubiera permanecido en ese retiro de no ser porque en 1553, María Tudor, la hija católica de Enrique VIII y Catalina de Aragón, heredó los reinos de Inglaterra, Irlanda y Francia. El 19 de julio el Papa nombró a Pole legado en Inglaterra y le instaba a partir de inmediato para reunirse con el emperador y el rey de Francia en Bruselas para negociar la paz entre los dos soberanos[167].

El reinado se abría bajo la promesa del restablecimiento de la paz civil, después del breve y confuso reinado de Eduardo VI, poniendo fin a la división religiosa y al desconcierto sobre la identidad anglicana, que se proyectaba en el debilitamiento de la propia autoridad de la corona. La iglesia anglicana carecía de una teología propia, una doctrina que la diferenciase del protestantismo o del catolicismo dado que su creación respondía a un problema de orden, al reconocimiento de la supremacía de la corona y la ruptura de la obediencia al Papa. Era

---

[167] John Edwards, *Archbishop Pole* (London: Ashgate, 2014), pp. 120-21.

una separación, una ruptura en la estructura de la Iglesia Católica Universal por voluntad del rey, recogiendo un carácter cesaropapista que buscaba reconocerse en viejas disputas mantenidas en el pasado entre los papas y los emperadores. El acta de supremacía de 1536 proclamaba que Inglaterra era un Imperio y, por tanto, su rey era cabeza de la Iglesia. María I asumió la corona con la promesa de la vuelta al orden, revitalizando el mito fundador de la realeza en la casa Tudor, pacificadora de los reinos tras la Guerra de las Dos Rosas[168].

El 1 de enero de 1554, Julio III concedió a la reina una dispensa motu proprio de consanguinidad "en segundo y tercer grado" autorizándola a contraer matrimonio con el príncipe Felipe de España, dispensa que era necesaria debido a su ascendencia común de las hijas de los Reyes Católicos, Juana y Catalina. El Papa liberó a los contrayentes de cualquier amenaza de censuras canónicas, declarando su honestidad pública para contraer matrimonio. Siete días después, el pontífice felicitaba al príncipe Felipe manifestando su alegría porque su presencia como rey consorte garantizaba el retorno de Inglaterra a la madre Iglesia[169].

En los capítulos matrimoniales firmados por Felipe II figuraba su obligación de residir en Inglaterra y que el futuro heredero que ambos engendrasen recibiría las coronas de Inglaterra, Francia, Irlanda, Borgoña y los Países Bajos. En dichos documentos, así como en la correspondencia de Simón Renard, embajador imperial de Carlos V, parece claro que el interés de los Habsburgo en este matrimonio consistía no sólo en una ampliación de la empresa familiar sino también proceder a una compleja reestructuración que tenía puestos los ojos en una Europa Habsburgo. Ésta se dividiría en tres bloques cohesionados y homogéneos, por un lado, España e Italia (al que se incorporaría Portugal), por otro los Países Bajos e Inglaterra (y en un futuro no lejano

---

[168] Rex H. Pogson, «Reginald Pole and the Priorities of Government in Mary Tudor's Church», *The Historical Journal*, 18.01 (1975), 3-20 <https://doi.org/10.1017/S0018246X00008645>; David Loades y Eamon Duffy, *The Church of Mary Tudor* (Aldershot: Ashgate Publishing, Ltd., 2006); Linda Porter, *Mary Tudor: The First Queen* (London: Hachette Digital, 2010).

[169] Edwards, p. 130.

Francia) y por último los estados patrimoniales de los Habsburgo con el Imperio y los reinos de Bohemia y Hungría[170].

Como vemos tanto para la Casa Habsburgo como para la Santa Sede había grandes expectativas. Ignacio de Loyola, Francisco de Borja y Diego de Laínez escribieron al cardenal Morone y al cardenal Reginald Pole para que les permitiesen acompañarlos a Londres o que, al menos, incluyesen a un buen número de jesuitas en su séquito. Pole se negó tajantemente. A Felipe II se le pidió que se interesase por el asunto, pero éste lo dejó correr. El rechazo a los jesuitas era muy firme no solo en el lado inglés, también entre los miembros del séquito del rey, hombres de su entera confianza, como Juan de Villagarcía y Bartolomé Carranza, que también se opusieron con rotundidad[171].

Se ha indicado que Pole no tenía ningún motivo de antipatía hacia los jesuitas siendo su rechazo un argumento táctico, evitar que los ingleses se sintiesen gobernados por extranjeros en materia espiritual. Pero no fue así porque autorizó a Villagarcía y Carranza a trabajar como teólogos en Londres y en las universidades de Oxford y Cambridge. Esta cerrazón irritó a los protectores de la Compañía de Jesús, en su indignación acusaban a los prelados, teólogos y frailes que iban a restaurar el catolicismo de ser tibios, siendo su moderación sospechosa. Tiempo después, quienes lideraron la restauración católica acabaron procesados por el Santo Oficio, Morone, Pole y Carranza[172].

---

[170] Judith M. Richards, «Mary Tudor as "Sole Queen"?: Gendering Tudor Monarchy», *The Historical Journal*, 40.4 (1997), 895-924; Judith M. Richards, «"To Promote a Woman to Beare Rule": Talking of Queens in Mid-Tudor England», *The Sixteenth Century Journal*, 28.1 (1997), 101-21; Loades y Duffy; David Loades, *The reign of Philip and Mary* (Oxford: Davenant, 2001); David Loades, *Tudor Queens of England* (London: Continuum, 2009).

[171] Curt F. Bühler, «Observations on the 1562 Editions of Cardinal Reginald Pole's "De Concilio and Reformatio Angliae"», *Studies in Bibliography*, 26 (1973), 232-34; Thomas M. McCoog, «Ignatius Loyola and Reginald Pole: A Reconsideration», *The Journal of Ecclesiastical History*, 47.02 (1996), 257-73 <https://doi.org/10.1017/S0022046900012860>.

[172] Bühler; McCoog; José Ignacio Tellechea Idígoras, *Paulo IV y Carlos V: la renuncia del imperio a debate* (Madrid: Fundación Universitaria Española, 2001).

Pole pensaba que para restablecer la obediencia a Roma sería necesaria la acción de una élite cultivada, siguiendo el modelo de las predicaciones de Juan de Valdés y la *ecclesia viterbensis*, siendo la persuasión, más que la violencia, el arma principal de la restauración. Pole no era precisamente contrarreformista, desconfiaba del radicalismo de las nuevas órdenes, jesuitas y teatinos, que no pretendían recuperar la vieja Iglesia sino crear una nueva, que querían construir un nuevo catolicismo reformado del que no participaba. Esa puede ser la principal razón. Pole era protector de la Abadía de Montecassino y tenía una especial afección por la orden benedictina a la que encargó el restablecimiento de la abadía de Westminster. Así mismo, estas diferencias las advirtió Pedro de Soto que comentó al duque de Alba que Pole nunca aceptaría a los jesuitas por dos motivos, su rechazo a someterse a la autoridad episcopal y su rechazo a la vida monástica. En otro orden, Pole se dejaba llevar por un cierto patriotismo, no quería que su país fuera dominado por extranjeros, a pesar del voto de obediencia al Papa, veía a la Compañía como una institución que respondía a una mentalidad extraña, propia de la espiritualidad y la devoción española. Esto último resulta chocante, porque, como señalamos más arriba, Pole permitió participar a españoles en la Reforma, presentándose en público acompañado por ellos. Con el cardenal Carranza preparó la celebración de la fiesta del Corpus de 1557 en Londres, una celebración inédita en Inglaterra que poco tenía que ver con su tradición[173].

Indudablemente la represión ejercida por María I es un hecho conocido, lo cual no significa que hubiese identidad con lo decretado en el Concilio de Trento unos años después. Se calcula que alrededor de unas 230 personas fueron ejecutadas por no aceptar la supremacía papal. Quizá la mitad de ellos hubiera perecido también en cualquier principado calvinista o luterano, dado que respondían a modelos de espiritualidad extremista o radical, pero resulta paradójico que se emplease la violencia en un proyecto que se vinculaba a los ideales

---

[173] Pogson; para la espiritualidad de Pole y el influjo del «Beneficio de Cristo» de Valdés en sus ideas véase Dermot Fenlon, *Heresy and obedience in Tridentine Italy; Cardinal Pole and the counter reformation.* (Cambridge: Cambridge University Press, 1972), pp. 69-88.

erasmistas, que se proyectaba hacia atrás haciendo suya su filosofía y la del mártir Tomás Moro. Es posible que, en algunos casos, como la ejecución del obispo Cranmer, justicia y venganza fuesen de la mano, sin embargo, como contraste a la tradición sangrienta del reinado, a ojos de los españoles (el duque de Feria, por ejemplo) se actuaba con tibieza. El círculo de amistades, las lecturas, los comentarios y los libros que podían consultarse en la biblioteca de Pole indican que quienes pretendían realizar la reforma católica eran almas sensibles, que la Iglesia que querían reconstruir se parecía muy poco a la Iglesia que en ese momento se afirmaba en Roma y mucho menos a la que salió después del Concilio de Trento[174].

Las sedes episcopales de la Iglesia restaurada fueron ocupadas por 35 prelados que procedían de la jerarquía eclesiástica reformada preexistente y muchos continuarían después en el episcopado isabelino, esto muestra un exquisito cuidado para manejar la situación no como ruptura sino como reforma, una recuperación mejorada de una forma antigua que se asocia con la paz y la convivencia civil, donde hay más continuidad que disolución. Así mismo, se ha popularizado la idea de que María I ejerció su papel con autoridad, sin interferencias foráneas, desarrollando una política esencialmente inglesa en la que apenas hubo injerencia española o Habsburgo. La reina era hija de una princesa española y más que los intereses de España o de Inglaterra cuidaba sobre todo por el éxito de una política dinástica que iba ligando las diferentes casas reales europeas en un bloque compacto de alianzas. Muchos historiadores británicos reprocharon a la reina seguir ciegamente a su marido en la política extranjera, provocando la pérdida del último bastión inglés en Francia, Calais. Pero la guerra contra Francia, si bien satisfacía los intereses de la casa de Habsburgo, no puede interpretarse fuera de una larga tradición, se olvida que la alianza anglo-castellana fue uno de los ejes diplomáticos tradicionales en la Historia de Europa desde la Baja Edad Media y que las diferencias existentes entre las casas reales de

---

[174] McCoog; Anne Overell, «Pole's Piety? The Devotional Reading of Reginald Pole and his Friends», *The Journal of Ecclesiastical History*, 63.03 (2012), 458-74 <https://doi.org/10.1017/S0022046910001168>.

Inglaterra y Francia seguían en vigor, María se tituló reina de Francia el día de su coronación. El mismo matrimonio de Felipe y María mantenía vivo un eje tradicional antifrancés que se remontaba a la alianza anglo-borgoñona de la Guerra de los Cien Años[175].

En septiembre de 1554 se anunció el embarazo de la reina de Inglaterra. En ese momento hubo cambios importantes en la representación de la realeza y en las atribuciones del rey. Ya no era un simple consorte sino el padre del sucesor. Podía presidir el consejo e intervenir en materias de gobierno por lo que en los debates se procuraba hacer resúmenes en latín y en español para que pudiese intervenir. Así mismo algunas reformas del gobierno se atribuyen a su intervención como es la especialización del consejo creando grupos consultivos especializados en materias o territorios, como es el Council of the North[176].

Las capitulaciones matrimoniales obligaban a Felipe II a residir en el reino y no intervenir en los asuntos ingleses. En Inglaterra se temía que un marido extranjero podría conducir a la imposición de un gobierno extranjero, por eso se tuvo mucho cuidado en despejar dicha eventualidad. Sin embargo, las leyes relativas al matrimonio, el orden de la casa y la propia concepción moral de la familia, hacían difícil garantizar estas promesas. Cuando Felipe fue jurado rey de Inglaterra por el Parlamento exigió que en los actos públicos y ceremonias se pronunciase su nombre antes que el de su esposa. Esto afectó al orden de sus respectivas casas y también al de sus respectivos séquitos. En su representación pública Felipe tenía la autoridad en sus manos, aunque la ejerciera su esposa. El tratamiento de presentación pública, de utilización de su imagen en medallas y monedas, así como en su firma conjunta "King's and Queen Excellent Majesties" (El Rey y la Reina Majestades

---

[175] Loades, *Tudor Queens of England*; Porter.

[176] Glyn Redworth, «"Matters Impertinent to Women": Male and Female Monarchy under Philip and Mary», *The English Historical Review*, CXII.447 (1997), 597-613 <https://doi.org/10.1093/ehr/CXII.447.597>.

Excelentes), eran actos simbólicos que anunciaban el cambio no tan simbólico que habría de producirse cuando naciese un heredero[177].

Comentarios del reuerendissimo señor Frai Bartholome Carrança de Miranda sobre el catechismo Christiano, Amberes, Martín Nucio 1558 (ejemplar conservado en la Biblioteca Nacional de España).

---

[177] Richards, «"To Promote a Woman to Beare Rule": Talking of Queens in Mid-Tudor England»; Richards, «Mary Tudor as "Sole Queen"?: Gendering Tudor Monarchy»; Loades, *The reign of Philip and Mary.*

Para gobernar Nápoles y Milán desde Londres Felipe II creó un grupo consultivo formado por expertos italianos y españoles, embrión del futuro Consejo de Italia, para que le asesorara en la toma de decisiones, envió visitadores que inspeccionaran los tribunales milaneses y napolitanos al tiempo que le informaban de lo que hacían allí sus ministros. Con ello trató de suplir su ausencia forzosa por una presencia delegada. Sus súbditos podían sentir que no los abandonaba porque no dejaba de estar pendiente de su administración y gobierno, superando la delegación virreinal pura con una forma de tutela[178]. Esta experiencia pudo servir para valorar las ventajas de gobernar en ausencia mejor que viajando continuamente por los territorios, como hacía su padre. Al mismo tiempo observó la importancia de la unidad religiosa para la seguridad de los reinos, siguiendo muy de cerca la restauración del catolicismo inglés en el que participó el arzobispo Carranza[179].

Los historiadores británicos sólo se han preocupado del lado inglés del problema, les ha preocupado saber hasta donde pudo intervenir Felipe II en el gobierno del reino y les ha obsesionado la pretensión del rey por someter al pueblo inglés, pero parece que el soberano no estaba muy interesado en hacer eso[180]. En pleno proceso de transición para hacerse con los estados de su padre, al soberano solo le preocupaba disponer de una red de familiares afines que gobernaran en su lugar, como su hermana Juana que gobernaba España, e ir agregando estados a su patrimonio. Quizá este sistema de delegación era más inquietante que las injerencias personales o la asunción de prerrogativas de gobierno. Lo que se temía no era que se hiciese con el

---

[178] Instrucción para los consejeros de Nápoles y Milán, Londres 16 de enero de 1555, AZ. Carpeta 145, n° 4.

[179] Manuel Rivero Rodríguez, *Felipe II y el gobierno en Italia* (Madrid España: Sociedad Estatal para la Conmemoración de los Centenarios de Felipe II y Carlos V, 1998), pp. 48-56; José Ignacio Tellechea Idígoras, *El arzobispo Carranza «Tiempos Recios»* (Salamanca: Universidad Pontificia de Salamanca, 2003).

[180] María José Rodríguez-Salgado, *Un imperio en transición: Carlos V, Felipe II y su mundo, 1551-1559* (Barcelona: Crítica, 1992); Geoffrey Parker, *Felipe II: la biografía definitiva* (Barcelona: Planeta, 2010).

mando, sino que tuviera pensado (como apuntó un memorialista) "to appointe us a viceroye" (nombrarnos un virrey), lo cual dice mucho respecto a cómo se veía desde fuera el sistema de agregación dinástica de la Casa de Habsburgo[181].

Una elección en mala coyuntura

"Por las cartas y amigos de Florencia que Vargas os ha embiado havréis entendido el fallecimiento del papa Julio (III), de que cierto mucho nos ha desplazido, así por la buena natura y inclinación que tenía al bien público y quietud de Ytalia, como por haver sucedido a mala coyuntura para el particular de nuestras cosas", Carlos V refería a su hijo la noticia de un cónclave inminente ante el que debían acordar una acción conjunta "porque aclarado de vuestra intención puede unir nuestros votos y guiar la negociación" para elegir pontífice. El emperador no consideraba idóneos los candidatos que presumía iba a defender Felipe como rey de Nápoles e Inglaterra, desaconsejando especialmente el patrocinio del cardenal Pole "tiene más bondad que gobierno" y en cuanto otros cardenales de la confianza de la Corte londinense (Pio Rodolfo da Carpi, Giovanni Morone y Francesco Sfondrato) tampoco hacía una valoración positiva[182]. Pese a las diferencias de criterio, el cónclave se afrontó de manera unitaria congratulándose el rey-príncipe de haber logrado consensuar su estrategia ante la elección. El resultado fue muy satisfactorio, Marcello Cervini de Montepulciano obtenía la tiara el 9 de abril tomando posesión al día siguiente. El esfuerzo hubo de repetirse, pues el nuevo pontífice falleció veinte días después de su entronización[183].

---

[181] Richards, «"To Promote a Woman to Beare Rule": Talking of Queens in Mid-Tudor England».

[182] Carlos V a Felipe II, Bruselas 5 de abril de 1555, CD.CV., vol. IV, pp. 200-203.

[183] Felipe II a Carlos V, Hampton Court, 20 de abril y 22 de mayo de 1555, CD.CV. vol. IV, pp. 207-210 y 215-216.

En el cónclave de mayo fue entronizado un cardenal perteneciente al denominado grupo "extremista", el cardenal Caraffa, partidario de una reforma católica rigorista y excluyente del protestantismo. No fue una elección larga ni particularmente complicada[184]. Felipe II y Carlos V se congratularon pensando que al ser elevado al solio el cardenal presidente de la congregación del Santo Oficio su labor se ajustaría a sus intereses[185].

Esta satisfacción duró poco. Una carta de Felipe II a Carlos V, escrita el 21 de octubre de 1554, revela un primer desconcierto ante una decisión papal contraria a sus intereses: "Este correo se despacha sobre ciertos Breves que de Roma han venido por donde paresçe que se impide la exequçion del Concilio de Trento q VM ha mandado guardar en estos sus reynos"[186]. Para el rey y para su hermana Juana, regente de España, era importante que el nuevo pontífice asumiera los decretos del Concilio, que reanudara sus sesiones, suspendidas en 1552 y diese fin a la reforma católica. Este breve era incomprensible, pues desacreditaba los trabajos conciliares precedentes y desautorizaba a la Inquisición española[187].

Gracias a un intercambio epistolar con el cardenal Santa Fiore, secretario de Estado del Papa, Carlos V cayó en la cuenta del error cometido. Informado en detalle sobre la Corte papal comprendió que su hijo debía conocer "la particularidad de lo que había pasado en estas dos electiones de Marcello y Paulo Quarto va a daros (el secretario) la misma relación que a nos (...) para que en sucediendo otra sede vacante se sepan dar los nuestros mejor maña que en la pasada"[188]. En estas cartas entre padre e hijo queda claro que no hubo comunicación entre

---

[184] "Pauli Papae iiii conclave et creatio anno 1555", *Libro primo delli conclavi nel quale si contengono l'elettione delli pontifici et alcune lettere de principi et pratiche d'ambasciatori fatte al Collegio di Cardinali sopra elette eletioni et alcune orationi d'obedientie el altre cose*, AHN. Estado Libro 744, fol. 167 vº

[185] Felipe II a Carlos V, Hampton Court 22 de mayo de 1555, CD.CV. vol. IV, pp.215-216.

[186] AGS. Estado Legajo 105 nº 42.

[187] Juana de Austria a Felipe II, Valladolid 10 de febrero de 1555, CD.CV. vol. IV, p. 189.

[188] El emperador al príncipe, Bruselas 10 de junio de 1555 ibidem. p. 224.

ambos, que no desarrollaron una estrategia, dando por descontado que habría un pontificado continuista, con voluntad por concluir el Concilio[189].

Las causas de la "difidenza" hay que buscarlas en el contexto de los primeros meses del pontificado y en el juego de facciones de la Corte papal, básicamente escindida en dos grupos encabezados cada uno por un *nipote* de Paulo IV, Giovanni Caraffa, conde de Montorio, que veía en la fidelidad de la familia al Imperio el camino más corto para encumbrarla al nivel de los Médici o Farnese, y el cardenal Carlo Caraffa, que había abandonado las filas imperiales pasándose al servicio de los franceses durante la guerra de Siena, y que era partidario de una ruptura con la tutela Habsburgo. En un principio, la posición de Giovanni gozaba del favor de su tío, que alejó a Carlo del control del aparato militar romano nombrándole cardenal. Paradójicamente, este éxito se convirtió a la larga en fracaso, porque el duque de Montorio acabó perdiendo el control sobre el Sacro Colegio en beneficio de su rival. La ruptura del papa con el emperador vino de una amalgama de circunstancias, el ascenso de la facción antiimperial en su Corte, ver frustradas sus expectativas (al parecer quedó defraudado por la concesión de la investidura de Siena a Felipe, creyendo que ésta acabaría recayendo en su Casa, como ocurriera con Parma a los Farnese) y la sensación de que se estaba reproduciendo un panorama parecido al de los últimos años de Paulo III[190].

Según Hinojosa la ruptura estuvo directamente relacionada con la sucesión imperial, siendo las intrigas del cardenal Carlo Caraffa el detonante de esta, pasando de considerar al Papa de "bien aconsejado" a "mal aconsejado"[191]. Aunque su descripción resulta muy simplista no deja de ser consistente. La reunión del príncipe y del emperador en

---

[189] H. Outram Evenett, *The spirit of Counterreformation* (Cambridge: Cambridge University Press, 1968), pp. 89-94; Constancio Gutiérrez, *Trento, un problema : la ultima convocación del Concilio (1552-1562)* (Madrid: Universidad Pontificia Comillas, 1995).

[190] Georges Duruy, *Le cardinal Carlo Caraffa (1519-1561)* (Paris, 1882), pp. 121-85; Caravale y Caracciolo, p. 283.

[191] Ricardo de Hinojosa, *Los despachos de la diplomacia pontificia en España* (Madrid, 1896), pp. 97-98.

Bruselas aquel agosto, desató un buen número de conjeturas, parecía que Carlos V iba a desembarazarse de parte de sus estados e Italia concitaba todo tipo de especulaciones. En septiembre, la Cancillería Imperial redactó el texto del título de *Vicarius generalis imperii* en Italia para el rey-príncipe, el cual Fernando I se negó a reconocer, como se negó también a acudir a la Corte de su hermano para discutirlo. En ese momento el rey de romanos no quiso abandonar la Dieta de Augsburgo porque su prioridad era sancionar la paz religiosa en el Imperio, a la que el emperador se oponía. Es entonces cuando empieza a correrse el rumor de una inminente abdicación, con la que pocos contaban. El rumor cogió por sorpresa a casi toda Europa, pero ni siquiera estas noticias movieron al Rey de Romanos para abandonar Alemania y discutir este asunto con su hermano. Al mismo tiempo, mientras la Casa de Habsburgo se hallaba absorta en resolver sus diferencias, Paulo IV y Enrique II de Francia firmaron un tratado secreto por el cual el soberano francés tomaba bajo su protección a la Casa Caraffa[192].

El Papa no pretendía concederle al soberano francés una posición hegemónica, sino alterar el escenario para alzarse como árbitro de Italia y situar a su familia en su epicentro. Como señala el cronista Cabrera de Córdoba: "trataron mañosamente de su acrecentamiento los Carrafas, imitando otros parientes de los pontífices creados y engrandecidos en los Estados de la Iglesia y de Florencia, como si fuera el fin principal de alcanzar el pontificado"[193].

Dado que había un telón de fondo *oeconómico* ni la política ni la religión pueden tomarse como indicios para explicar las raíces del conflicto. Así pues, las controvertidas decisiones de Paulo IV para dañar a los "parciales" de la Casa de Habsburgo o sus inmoderadas explosiones de ira antiespañola en las audiencias públicas o en

---

[192] Carta del duque de Alba al marqués de Sarriá, Pontestura, 31 de agosto de 1555, EA. vol. I nº 264 p. 293.

[193] Luis Cabrera de Córdoba, *Historia de Felipe II, Rey de España*, ed. Carlos Javier de Carlos Morales y José Martínez Millán (Valladolid: Junta de Castilla y León, 1998), pp. 45-49.

consistorio no buscaron tanto la guerra como la quiebra de la confianza en la capacidad de protección de Carlos V y Felipe II[194]. Aquí radicaba el núcleo de sus acciones, pues el pontífice sabía muy bien que las estrategias seguidas por las casas italianas, más *oeconómicas* que políticas, buscaban básicamente la seguridad[195].

---

[194] Cabrera de Córdoba describió así a Paulo IV: "sin respeto al Rey Católico y potentados de Italia; intrépido con interés de justicia y reputación de su dignidad y, para castigar, libre" ibidem. vol. I, p. 51.

[195] Alba al duque de Florencia, Pontestura 8 de Septiembre de 1555, EA vol. I nº 267 pp. 301-3.

Capítulo 5

Felipe II de España: cambio de rumbo y construcción de la Monarquía

El duque de Alba en Nápoles: La guerra de Campania

A finales del verano de 1555 la tensión con Paulo IV fue en aumento, se sucedieron los desplantes a los representantes de Felipe II y del emperador, y se temía una declaración de hostilidades en cualquier momento. Al incrementarse la represión sobre amigos, simpatizantes y vasallos de la Casa de Habsburgo, el duque de Alba anunció que colocaba a todos sin excepciones, bajo su protección para "que conozca Su Santidad que Sus Magestades no desamparan a nadie"[196].

En los discursos de los servidores de la Casa de Habsburgo se aprecia que ya no hay salida, que las provocaciones de la Curia sólo dejaban la guerra como único recurso. Por tal motivo, Felipe II nombró al duque de Alba virrey de Nápoles, dándole plena autoridad para ordenar el mapa político italiano. Fue elegido por su experiencia militar y sus redes familiares ligadas al clan Toledo, herramientas necesarias para poner a raya al Papa Paulo IV. Era una misión compleja y difícil, podía arruinar su carrera, pero no tenía más remedio que hacerse cargo de esa responsabilidad para defender los intereses familiares[197].

D. Fernando Álvarez de Toledo, intentó reconstruir la trama de alianzas y acuerdos con los potentados vertebrándolos en torno a la

---

[196] Pontestura, 31 de Agosto de 1555, EA vol. I nº 347 p. 396.
[197] Maltby, pp. 127-134.

fidelidad a la corona, intentando mantener su cohesión por todos los medios e instancias posibles. La hostilidad del Papa le obligó a reagrupar a los aliados y simpatizantes de la Casa de Habsburgo soslayando sus disputas y tensiones internas, es decir, obviando los recelos entre los seguidores del emperador y los de su hijo, convencido de que estas diferencias habían llevado a la situación presente[198].

Era consciente de que los éxitos de Paulo IV eran fruto de la confusión y descoordinación del bando hispano-imperial y no quiso que este problema acabase de arruinar la política y el prestigio de la corona en Italia.

Consciente del valor de la reputación como elemento decisivo del conflicto, Alba sabía que, si lograba preservarla, garantizando la seguridad de los "confederados", el pontífice habría fracasado[199]. En consecuencia, se puso a trabajar para afinar la capacidad protectora de Felipe II[200]. Aunque con no demasiado éxito al principio, a pesar de sus esfuerzos, no pudo impedir que el pontífice acosase a los imperiales de manera intensa, cuidándose poco de las medidas disuasorias del duque. El clímax del juego de provocaciones llegó en abril de 1556, cuando Paulo IV dio orden de confiscar todos los bienes de la Casa Colonna que fueron inmediatamente conferidos a su sobrino, el duque de Montorio, vasallo de Francia[201]. Culminó su hostigamiento el 2 de mayo, al excomulgar y declarar rebeldes a todos los miembros de la

---

[198] Pastor, vols. XIV, 87-110.

[199] Alba a S.M., Nápoles 13 de Mayo de 1556, EA. vol. I n° 347 p. 396.

[200] "Estoy determinado a favorescerlos y ayudarlos con las fuerzas que tuviere de S.M. (...) que conozca Su Santidad que Sus Magestades no desamparan a nadie", el duque de Alba a Felipe y Carlos V, Pontestura, 31 de agosto de 1555, EA. vol. I n° 264 p. 293. Esto se materializa en las seguridades dadas a cada uno de los potentados italianos, p. ej. al duque de Florencia (Pontestura 8 de septiembre de 1555, ibidem. n°267 pp. 301-3) o a Marco Antonio Colonna "Siempre que v.s. tuviere necesidad del favor de S.M. y de sus ministros no le faltará, como es justo, y como lo acuerda por su carta de los 22 del presente, y en caso que Su Santidad quisiere todavía proceder en lo que ha comenzado con seguridad, no se dejará de tener mucha cuenta con los servidores de S.M. para los amparar y favorescer de manera que no rescivan agravio" (Alba a Marcantonio Colonna, Pontestura 31 de agosto de 1555, ibidem. n° 263 p. 292).

[201] Alba al marqués de Sarriá, Nápoles 1 de mayo de 1556; EA. vol. I n° 346 p. 395.

familia, pasando a privarlos de sus estados y enviando tropas a sus tierras y castillos[202].

Con extrema prudencia e ingenio, el duque de Alba sorteó el peligro interviniendo de manera indirecta, hostigando por medio de sus aliados a los Estados de la Iglesia para dejarlos en una situación de extrema debilidad, mediante el bloqueo económico a través del corso en el Tirreno y del cierre de las comunicaciones en Italia central[203]. Pero era muy difícil mantener mucho tiempo esta guerra disimulada sin quebranto, en primer lugar, porque no daba resultados inmediatos, cundiendo el nerviosismo -cuando no la suspicacia- entre los aliados, y en segundo porque la Curia respondía con una ferocidad que dejó consternados y anonadados al duque y sus consejeros[204].

El Papa persiguió y expropió a los partidarios de los Habsburgo en Roma, encarceló a sus ministros y representantes, anuló los títulos de investidura de sus estados (alcanzando al título de rey de Nápoles ostentado por Felipe), utilizó armas espirituales como la excomunión y les abrió procesos de herejía. Paulo IV echó mano de todos sus recursos para mostrar públicamente la indefensión de los imperiales, y la arbitrariedad que se le suele atribuir tuvo un peso propagandístico considerable pues mientras hombres conocidos por su heterodoxia como Camillo Orsini, el cardenal Ippolito d'Este o Ferrante Sanseverino príncipe de Salerno eran honrados en Roma, los cardenales Pole, Santa Fiore, Muzzarelli, Verdura, Carnesecchi o Morone sufrían una feroz persecución, más que por sus ideas religiosas por su filiación clientelar[205].

---

[202]Alba a S.M., Nápoles 13 de mayo de 1556, EA vol. I nº 347 p. 396.

[203] Alba a S.M. 18 de junio de 1556, EA vol. I nº 369 pp. 412-14.

[204] "Dios es testigo lo que yo siento verme entrar en esta guerra, pero el defenderse los hombres permitido es", Alba a (sin dirección), Nápoles 29 de agosto de 1556, EA. vol. I nº 392 pp. 430-1.

[205] Paolo Simoncelli, «Nei labirinti della Controriforma», *Rivista Storica Italiana*, CV.3 (1993), 718-29; Massimo Firpo, «Sulla legazione di pace di Reginald Pole», *Rivista storica italiana*, XCIII.3 (1981), 821-37.

Entre los consejeros de Felipe II y sus ministros reinaba la confusión. Para un príncipe cristiano no era fácil tomar una decisión como aquella, y menos para Felipe II. Por muy graves y dañinos que fueran los actos de Paulo IV, su calidad de pontífice impedía que pudiera tratársele como a cualquier otro príncipe secular, agredir al Papa, alzar las armas contra él, podía dañar irreparablemente a una Monarquía que presumía de ser católica; pero, como escribió el duque de Alba al rey, la corona no podía consentir la persecución y confiscación de los bienes de sus aliados, amigos y vasallos porque peligraba todo el tejido de lealtades sobre el que descansaba su poder, fundamentado en la garantía de protección; no intervenir para poner fin a las acciones del pontífice "sería perder reputación con todos los demás confederados de Italia". *Reputación* es lo que se esperaba que hiciera la Monarquía y, en caso de no responder con firmeza, la pérdida de prestigio acarrearía el desmantelamiento de todo el soporte político y social de la corona en aquellas tierras[206]. Tras muchas dudas se resolvió finalmente, suministrar dinero y tropas a los "colonnesi" con "disimulación"[207].

Mediante este subterfugio, no se podía decir que el monarca hispano había alzado sus armas contra el Papa ni que había dejado abandonados y desamparados a sus partidarios. Sin embargo, el pontífice endureció su postura; consciente del temor del rey de verse envuelto en una guerra con la Iglesia y, creyendo que ésta seguiría soportando humillaciones antes que afrontar tal eventualidad, dio un último paso en su desafío anulando el título de rey de Nápoles a Felipe II en julio de 1556[208].

Desde este momento ni Felipe II, ni sus consejeros, ni sus ministros en Italia, se plantean más alternativa que la guerra[209]. La campaña militar comenzó en la primavera de 1556. Ya desde el principio se puso de manifiesto la incapacidad francesa para oponerse

---

[206] Alba a Felipe II, Nápoles 13 de mayo de 1556, EA vol. I nº 347 p. 396.

[207] Alba a Felipe II, 18 de junio de 1556, EA vol. I nº 369, pp. 412-14.

[208] Alba al marqués de Sarriá, Nápoles 3 de julio de 1556, EA vol. I nº 380 pp. 421-3.

[209] Memorial del duque de Alba, Nápoles 29 de agosto de 1556, EA vol. I nº 392 pp. 430-1.

a los ejércitos Habsburgo, Paulo IV habría de enfrentar la campaña en solitario, inerme e indefenso. Se temió la repetición del *Saco* de 1527 y sus resultados políticos fueron muy parecidos, pues si aquello sirvió para colocar a los Médici en la parcialidad de Carlos V esto sirvió para colocar a los Caraffa en la de Felipe II por intermedio del duque de Alba. El Papa firmó la tregua y el cese de las hostilidades en enero de 1557. Alba le obligó a liquidar sus diferencias con Carlos V y su hijo en inferioridad de condiciones, lejos de la segura posición de fuerza en la que se había encontrado hasta entonces.

Como ocurría siempre en la larga cadena de guerras que conocemos como Guerras de Italia hubo un giro inesperado de los acontecimientos cuando en abril un ejército francés logró abrirse paso hacia la Italia central prolongándose los combates. El duque de Alba derrotó fácilmente a los franceses y, además, en agosto la derrota francesa en San Quintín privó al Papa de nuevas ayudas y refuerzos de Enrique II de Francia, por lo que abandonado a sus solas fuerzas y completamente aislado en Italia se vio obligado a claudicar ante el monarca católico[210].

El éxito de las operaciones militares y de las negociaciones diplomáticas estuvo ligado al cierre del proceso de sucesión de la Casa de Habsburgo. El propio cardenal Caraffa, ante este nuevo escenario había considerado cambiar la protección francesa por la española ya durante la guerra de Campania. La política española dejaba espacio para ello pues en un alarde de prudencia, Felipe II procuraba "hacer amigos los enemigos (en que su padre fue ecelente)"[211]. Esta apertura dio frutos inmediatos, asfixiando y aislando la política desplegada desde la Curia, recuperando el duque de Alba a personas y casas otrora marginados, como Ferrante Gonzaga y Ascanio Colonna, e incluso los Farnese. Dichas expectativas estuvieron presentes en las negociaciones de paz (cerradas entre el cardenal Carlo Caraffa y el duque de Alba en Cave el 27 de septiembre de 1557), cuyo resultado situaba al Papa y su casa bajo la protección de Felipe II, entre sus "parciales" y, también

---

[210] Alba al marqués de Sarriá, s.l. 10 de noviembre de 1558, EA. vol. I n° 470 pp. 494-6.
[211] Cabrera de Córdoba, vol. 1, 53.

del duque de Alba, que no dudó en sacrificar los intereses de Marco Antonio Colonna para efectuar dicha transacción[212].

Cuando el cardenal Caraffa y el duque de Alba viajaron a Bruselas para dar cuenta de la paz, ambos se encontraron con un frío recibimiento. El secretario Vargas informó al *nipote* del Papa de que no se le darían ni a él ni a su hermano las compensaciones prometidas en el reino de Nápoles como reparación por sus pérdidas en la Campania romana; los Caraffa humillados y engañados, rehusaron las pobres recompensas ofrecidas a cambio de la entrega de sus estados[213]. Habían ligado su suerte a la del duque de Alba, el cual se encontró con que más que recibir parabienes recibía duras críticas, siendo acusado casi de traición por favorecer antes a los Caraffa que a Marco Antonio Colonna, de haber provocado una nueva crisis en la Casa Colonna al favorecer a Ascanio, de haber aconsejado al rey a renunciar al vicariato de Siena en provecho de los Médici y, en última instancia, de afianzar su propia Casa en Italia, a despecho del interés de su soberano: "Desterróse de la casa del rey la paz y començaron secretas emulaciones fundadas en particular poder, autoridad, interés, no con tanta disimulación tratadas que no saliesen en público los indicios"[214].

El cierre de la sucesión había trasladado la lucha política a la Corte española, el surgimiento de la confrontación partidista era un síntoma de buena salud, de fortaleza, "poder, autoridad, interés" ahora sólo podían ser satisfechos mediante "secretas emulaciones", es decir, compitiendo por servir a un único centro de poder, a un solo patrono, Felipe II[215].

---

[212] Ricardo de Hinojosa, *Felipe II y el cónclave de 1559,* (Madrid: Tip. de M. Ginés Hernández, 1889), pp. 99-100; Antonio de Herrera y Tordesillas, *Historia general de los hechos de los castellanos en las islas i tierra firme del mar oceano* (Madrid: Imprenta Real, 1625), p. 399; Cabrera de Córdoba, vols. I, 52-55.

[213] Cabrera de Córdona, ibidem. 159-160.

[214] Ibidem.

[215] Tratado suscrito por Felipe II con Octavio Farnese, Gante el 15 de septiembre de 1556 (AHN. E. Lg. 2778-a.2 n°7), es el modelo al que siguen los firmados con Jacopo Appiani d'Aragona, señor de Piombino, en Londres el 29 de mayo de 1557 (AHN. E. Lg. 2776 n° 3), con Guidobaldo Feltrio della Rovere, duque de Urbino en Bruselas el 3 de marzo de

Las bases del régimen de Felipe II

Soberano de Nápoles, Milán y Sicilia Felipe II anticipó las abdicaciones de su padre arrebatando el control del gobierno a los antiguos oficiales situando a personas de su confianza en los puestos clave. La creación del Consejo de Italia tuvo lugar en Hampton Court en 1555 y se concibió como un instrumento de coordinación del gobierno de los territorios de los que Felipe II era soberano, gobernados por "alter ego", dos virreyes y un gobernador. Al mismo tiempo envió visitadores a Nápoles, Sicilia y Milán, cuya misión era dar la información más completa al rey y sus asesores del consejo, para que conocieran el estado en el que se encontraban aquellos territorios, sus recursos, defensa, administración y problemas. Además, las visitas indicaban un firme compromiso con la defensa y mantenimiento de la justicia, procediéndose sin dilación a perseguir y castigar los abusos que se detectasen, corregir los malos comportamientos de los oficiales del rey y denunciar la corrupción para perseguirla. Con estas medidas Felipe II quería mostrarse como un rey cercano, pese a la lejanía geográfica, que se preocupaba de sus súbditos y atendía sus necesidades. Una actitud que contrastaba con la dejadez y abandono con que habían procedido los ministros del emperador, que no concluyeron sus visitas y no efectuaron ni corrección de abusos ni persecución a los malos oficiales. Así se recuerda en la instrucción al visitador de Milán, Don Andrés de la Cueva: "Teniendo nos entendidas las causas que movieron al Emperador Nuestro Señor de felice memoria para mandar visitar el año pasado de cincuenta y tres las cosas del Estado de Milán, las dificultades y impedimentos que en la prosecución dellas huvo y la necesidad que al presente hay para

---

1558 (AHN. E. Lg. 2776 nº 5) o con el duque de Saboya en 1559 (AHN. E. Lg. 2766 nº 8). Capitulaciones asentadas el 28 de febrero de 1558 en Bruselas por las que se sancionaba la paz firmada en Cave el 14 de septiembre entre Carlo Caraffa y Fernando Alvarez de Toledo, duque de Alba (AHN. E. Lg. 2776 nº 4).

continuarla y de nuevo comenciarla y saver y inquirir por lo que toca al descargo de nuestra conciencia"[216].

En lo relativo a la reforma religiosa, la definición de la ortodoxia se mantendría en un ámbito nebuloso mientras el Concilio de Trento no se reanudase, concluyese sus trabajos y publicase sus decretos. Después de la muerte de María I, Felipe II defendió el ascenso de su hermana Isabel al trono, pese a que su derecho a la corona era dudoso y porque su fe protestante podría borrar todo lo conseguido en la reforma católica. Sobre esto último hay cierto consenso entre los historiadores ingleses, Loades refiere que María I dispuso en sus últimas voluntades que Felipe se quedara unas joyas para que nunca la olvidase, pero él las incluyó en el ajuar de su sucesora y no quiso quedarse con ninguna de sus pertenencias. Para él, Isabel Tudor era preferible como soberana de Inglaterra a María Estuardo, reina de Escocia, casada con el heredero de Francia. Reconocer la legitimidad de la reina escocesa, católica, hubiera supuesto el aislamiento de los Países Bajos y el fortalecimiento de la hegemonía francesa en el Norte[217].

La casa real de Francia era el principal enemigo de Isabel I y Felipe II, todos sus esfuerzos se dirigían a contrarrestar su fuerza y debilitarla, incluso durante las negociaciones de paz actuaron conjuntamente, planteando que, pese alcanzarse un buen acuerdo, los planes de futuro siempre habrían de contar con los soberanos franceses como enemigos, no como amigos. Las paces se firmaron finalmente los días 2 y 3 de abril de 1559. El día 2 las delegaciones inglesa y francesa acordaron que Calais sería devuelta a Isabel en 1567 o bien recibiría medio millón de escudos de oro si no se producía el retorno, el día 3 españoles y franceses sellaban la paz recuperando Enrique II de Francia los tres obispados imperiales de Metz, Toul y Verdún, así como las ciudades de San Quintín, Ham y Châtelet. Felipe II veía

---

[216] Rivero Rodríguez, *Felipe II y el gobierno en Italia*.

[217] Loades, *The reign of Philip and Mary*; Richards, «Mary Tudor as "Sole Queen"?: Gendering Tudor Monarchy»; Bertrand Haan, *Une paix pour l'éternité la négociation du traité du Cateau-Cambrésis* (Madrid: Casa de Velázquez, 2010), pp. 11-21.

reconocidos sus derechos en los Países Bajos, en la Borgoña condal y en sus estados italianos, de modo que se zanjaban los contenciosos existentes entre las dos casas, dándose fin a las Guerras de Italia. Así mismo, se restablecía al duque de Saboya en sus estados y se recuperaba el equilibrio italiano garantizando la libre posesión de los estados. El único cambio importante en el mapa político europeo fue la desaparición de la república de Siena que pasó a ser un feudo de la familia Médicis. Las primeras reacciones ante la noticia de la paz fueron de escepticismo. En la mente de todos seguía presente la Paz de Crepy, cuyas cláusulas no impidieron una nueva intervención francesa en Italia a solicitud del Papa Paulo IV. El embajador español en Roma no la tomó en cuenta y se preparó para impedir que la facción francesa pudiera decidir la sucesión pontificia pues no creía en una larga paz. Era como si continuase la inercia de las Guerras de Italia, el embajador diseñó una confederación, una Liga que impidiese a Enrique II volver al escenario italiano, uniendo a Florencia, Saboya y al Papado en un pacto o Liga si éste cruzaba los Alpes[218].

La paz contenía unos cambios sustanciales. Cambiaba la red de alianzas diseñada durante las abdicaciones del emperador. Manuel Filiberto de Saboya, contraería matrimonio con Margarita de Valois, duquesa de Berry, hermana del rey mientras que Felipe II lo haría con la hija de Enrique II, Isabel de Valois. Es decir, se forjaba un nuevo marco de amistad y de unión que, con el tiempo, ligaría a ambos linajes. Parece que, de esta manera, se satisfacían las expectativas de la nobleza de Borgoña y podía considerarse un guiño al viejo partido francés. Fue un punto de inflexión decisivo puesto que en el futuro la relación de las casas de Valois y Habsburgo circuló por el camino de la conciliación, si bien, como veremos más adelante persistieron desconfianzas y una fuerte rivalidad simbólica, por la precedencia, que reemplaza a la confrontación violenta por las armas[219].

---

[218] Cabrera de Córdoba, p. vol I, 311.
[219] Haan, pp. 21-40.

Más allá de los papeles, diplomas y documentos firmados, sellados e intercambiados, lo que aseguró la paz fueron dos acontecimientos, uno accidental, como fue el comienzo de la guerra civil en Francia, que dejó al reino incapaz para realizar una política exterior autónoma, y otro no precisamente accidental, el cónclave de 1559 en el que se eligió Papa al candidato de Felipe II[220].

La muerte de Paulo IV el 18 de agosto de 1559, ocurrió cuatro meses después de la Paz de Cateau Cambresis. No fue una sucesión tranquila, el cónclave tardó en celebrarse y cuando los cardenales lograron reunirse lo hicieron en un ambiente muy enrarecido[221]. A diferencia del cónclave de 1555, no se permitió que los cardenales tuvieran libertad. Después de cuatro días de disturbios y desórdenes "rituales" entró en Roma Marco Antonio Colonna al mando de un fuerte contingente armado. Pese a un discurso tranquilizador pronunciado ante el Sacro Colegio, cabían pocas dudas sobre cómo iba a efectuarse la elección, ésta sería orquestada por el embajador español Vargas y el cardenal Santa Fiore. El decreto del Sacro Colegio dictado el día 30 confirmó los peores presagios respecto al intervencionismo hispano, por él los Caraffa y sus parciales eran desposeídos de la ciudadanía romana[222]. Los pocos que aún mostraban reticencias fueron amablemente invitados a dejar a un lado sus escrúpulos bonificando su adhesión (cínicamente Vargas comentó que era "excelente caridad dar dineros a los electores porque no hagan pontífice a un hombre pernicioso")[223].

La persuasión, las amenazas, las armas, el dinero y las mercedes lograron la elección del cardenal milanés Angelo di Medici el 25 de diciembre. Tomó el nombre de Pio IV. Era el candidato favorito de Felipe II, su elección determinó la suerte del catolicismo convirtiendo

---

[220] Hinojosa, *Felipe II y el cónclave de 1559*.

[221] "Acta interregni quatuor mensium et dieru. septem a morte Pauli Papa iiii ad Pii iiii Pontificatum ubi multa digna visu narrantur anno 1560", *Libro primo delli conclavi...* doc. cit., AHN. E. Lb. 744, fols. 179-206.

[222] Ricardo Hinojosa, *Felipe II y el cónclave de 1559*, 15-25.

[223] Ibidem. 101-8.

la división de la Cristiandad en un camino sin retorno[224]. La tercera vía estaba completamente clausurada. Al día siguiente de la elección, el embajador Vargas felicitó al nuevo pontífice al tiempo que le entregaba una lista de asuntos que debía resolver y cómo. Esta lista de deberes disgustó a Pío IV y el embajador al ver su semblante le dijo que "mirase que en lo que Su Majestad había metido la mano no era menester tocar". El Papa en vez de enfadarse reafirmó su sumisión contestando que se aplicaría a ello porque su voluntad estaba "al servicio de Dios y amar y contentar a Su Majestad y servirle y emplear si fuere menester la vida en ello"[225].

La elección de Pío IV resulta interesante no tanto por tratarse de una hechura hispánica, sino por la calidad de dicha "hechura". No se tuvo en cuenta su fidelidad, sino que no tenía casa, carecía de familia y clientelas a las que satisfacer[226]. La Paz de Cateau Cambrésis y la elección de un cliente como Papa daban un respiro, pero no seguridad. Fracasada la pretensión de conseguir el vicariato imperial, Felipe II pretendió crear una Liga de defensa de Italia con el Papa, los duques de Florencia y Saboya y la república de Venecia, cuyo fin fue sagazmente apreciado por el embajador Suriano: "perchè con una lega con questa reppublica, come fu quella che si aveva già con l'Imperatore, o con qualche altra sorte di unione fatta per difesa solamente, si assicurava della Serenità Vostra, e conteneva gi altri principi d'Italia in officio"[227]. Al excusarse, disimular y dilatar los tratos para unirse a semejante proyecto, los potentados italianos no quisieron traspasar una frontera muy sutil y difícil de explicar, pero que se expone de manera explícita en un elogio dirigido por Pietro Aretino a la Casa Medici al referirse a "la perfezione de le solenni copule" que la haría vivir para siempre gracias a la "prosapia e con el legnaggio

---

[224] Visceglia, *Morte e elezione del papa norme, riti e conflitti : l'età moderna.*

[225] Ricardo Hinojosa, *Felipe II y el cónclave de 1559*, 108.

[226] Ibidem. 101-3.

[227] Relazione delle persone, governo e stati di Filippo II letta in Senato da Michele Suriano nel 1559 en Eugenio Alberi, *Relazioni degli Ambasciatori Veneti al Senato durante il secolo decimosesto* (Firenze: Tipografia e calcografia all'insegna di Clio) Serie I, Vol. 3, 385.

d'Austria e d'Angulem (casa real de Francia) (dove) miracolosamente concorre"[228].

Toda política de seguridad contaba con el azar y la contingencia de la política dinástica (que era casi como una forma de apostar sin ver réditos tangibles a corto plazo). A este respecto, Aretino resaltaba la prudencia de la casa Médici por no poner todos los huevos en una sola cesta, lo cual garantizaba su supervivencia pues tanto si la fortuna se inclinaba hacia los Habsburgo como a los Valois, los duques de Florencia estarían siempre bien situados. Esta forma de actuar no fue exclusiva de los florentinos, la mayor parte de las casas italianas siguieron una línea de concertación de matrimonios muy semejante. En un orden básicamente incierto e inestable, la fortuna, así como la "virtud" y el aprovechamiento de la ocasión no eran términos contrapuestos, todos ellos coexistían en un mismo universo. Manipular la elección del pontífice o mantener una política de liberalidad con los potentados italianos era algo sujeto a lo contingente, en un panorama extraordinariamente frágil y voluble en el que todo estaba sujeto a cambios. Como dijo Maquiavelo, el Papado, no siendo capaz de poseer el "dominio absoluto" de Italia había impedido que otros lo poseyeran, dejando que la península estuviese repartida entre numerosos príncipes y señores. Ninguno pudo erigirse como "imperator in regno suo"[229]. El carácter electivo del Papa hacía que nunca estuviera dicha la última palabra. Elementos contingentes, como una sucesión parecida a la sufrida por la Casa de Habsburgo, la impericia de un monarca para utilizar la ocasión, los intereses contrapuestos de facciones y familias rivales o las estrategias de las casas, hacían que toda política fuera impredecible a largo plazo[230]. Sobre las formas de acción política y su carácter contingente me parecen especialmente relevantes las

---

[228] Lettera al signor Baldovino, Venecia, septiembre 1554 en Pietro Aretino, *Lettere*, ed. P. Procaccioli (Milano: BLUR, 1990), vols. II, 1069-1072.

[229] Nicolás Maquiavelo, *Discursos, sobre la primera década de Tito Livio* (Madrid: Alianza Editorial, 1987), pp. 69-70.

[230] Paula S. Fichtner, «Dynastic Marriage in Sexteenth Century Habsburg Diplomacy and Statecraft: An Interdisciplinary Approach», *The American Historical Review*, 81.2 (1976), 243-65.

observaciones que hizo Wolfgang Reinhard y su concepción de la "micropolítica" (redes de relaciones personales e informales, yuxtapuestas en distintos planos: parentesco, clientelar, de orden, de amistad paritaria o solidaridad) donde la "gran política" no es sino el entrecruzamiento de diversas micropolíticas[231]. Por dicha razón, la hegemonía hispana nunca quedó cerrada.

---

[231] Wolfgang Reinhard, «Amici e creature: Politische Mikrogeschichte der römischen Kurie im 17 Jahrhundert», *Quellen und Forschungen aus italienischen Archiven und Bibliotheken*, 76 (1996), 308-33.

Epílogo: Faetón

Fig. 4: Jacome Trezzo, medalla conmemorativa de Felipe II (colección particular)

Uno de los rasgos más paradójicos de la vida de Felipe II fue sin duda que inaugurara su reinado con una guerra contra el pontificado. Máxime si consideramos sus profundas convicciones católicas, pero la experiencia habida con Paulo IV le obligó a prestar una especial atención a las relaciones con el papado y a elaborar una línea política bien definida al respecto. En 1559 el rey prudente no sólo rechazaba la tercera vía, sino que puso todo su empeño personal para que los responsables de la reforma católica en Inglaterra fueran condenados y procesados. Leyendo los testimonios y deposiciones de testigos, así como los argumentos de la defensa, el proceso del cardenal Carranza semeja así mismo un proceso a su gobierno inglés. No había intermedios. La ortodoxia católica, con un Papado bajo control, se imponía según el criterio del soberano y sus consejeros[232].

---

[232] Tellechea Idígoras, *El arzobispo Carranza «Tiempos Recios»*.

Curiosamente, fue el cardenal Pole quien estableció la semejanza de Felipe II con los reyes fundadores de Israel, equiparándolo a Salomón:

"Haz tuyo el asunto de la restauración del catolicismo en Inglaterra. Simplemente creo que el rey lo pone en primer lugar. De lo contrario, pervertiría el orden. Esto se espera especialmente de un rey católico, que conoce el consejo secreto de Dios, como escribes. Su padre quiso ayudar durante años, pero le faltaban los medios. Al igual que David y Salomón. Dios prohibió a David construir el templo debido a sus muchas guerras, y reservó ese trabajo para su hijo, quien reinaría en paz. Urge que Alfonso de Castro y Bartolomé Carranza ayuden"[233].

Cabe pensar que, cinco años después, Felipe II abandonaba la tercera vía convencido de que impondría la paz sobre la Cristiandad sin demasiados problemas porque su identidad con Salomón se mantuvo y se puede decir que hasta la revuelta holandesa pudo mantener la fama de rey sabio y pacífico. Esta identificación parece que tuvo bastante que ver con el diseño del emblema con el que Felipe II quiso que se identificase su reinado, asociándolo al mito de Faetón. La historia, tomada de las metamorfosis de Ovidio, es como sigue: Faetón, hijo de Apolo/Helios, el sol, pretendió guiar el carro de su padre quien, cada mañana, llevaba luz y calor a la tierra. El padre no quiso darle gusto porque no lo veía maduro para el desempeño de la tarea, pero finalmente accedió a los ruegos filiales. No le faltaba razón al progenitor, el muchacho fue incapaz de dominar a los caballos, que acabaron desbocándose, provocando una catástrofe. Quemó media África, abrasando a sus habitantes, que quedaron tostados, dejando ésteril una vasta franja de territorio, el Sáhara. Zeus, cuando vio el desastre y comprobó que no era Apolo/Helios quien conducía el

---

[233] Pole a Fresneda, Dilighem 6 de octubre de 1554 Reginald Pole, *The Correspondence of Reginald Pole*, ed. Tomas A. Mayer (New York: Taylor & Francis Group, 2004) vol.2, doc. 950, 343.

vehículo, lanzó un rayo que fulminó a Faetón deteniendo así su devastador recorrido[234].

Juan Pérez de Moya, en el capítulo XII de su *Philosophia secreta de la gentilidad*, señalaba que "también quisieron los poetas dar a entender por esta fábula que Phaeton fue vanagloriosso y arrogante y presumiendo de sapientísimo sin serlo, sembró entre la simple gente muchas confusiones y falsas doctrinas"[235]. Calvete de Estrella, al describir la recepción hecha a Felipe II en la gran sala del palacio de Binche, cuenta que estaba presidida por un tapiz que representaba la soberbia con los escudos de Luis II y María de Hungría donde se representaba a Faetón fulminado del carro del sol con el mote "Quanto fuere más grande la ofensa de los dioses, tanto son menores y ningunas las fuerzas contra ellos"[236]. Faetón simbolizaba la imposibilidad de ocupar el poder para quien no estaba dispuesto que lo ejerciera. Gallego Morell, en su clásico estudio sobre este mito en la literatura del siglo de oro español, señala que, además de la interpretación ordinaria de los moralistas que lo ven como símbolo de impericia y osadía juvenil, hay una segunda interpretación laudatoria, de limpieza de linaje y de exaltación dinástica[237]. En una primera elaboración de esta imagen asociada al rey, Faetón no figura en el diseño de la idea, solo Apolo. En 1555, tras contraer matrimonio con María I y cumplir 28 años, Felipe II hizo acuñar una medalla conmemorativa a Jacome Trezzo, que era una afirmación de sus propósitos (véase figura 4). Figuraba Apolo guiando su carro sobre dos tierras separadas por un

---

[234] Guadalupe Morcillo Expósito, «Faetón: antes y después de Ovidio», *Anuario de estudios filológicos*, 30 (2007), 269-80.

[235] Juan Pérez de Moya, *Philosophia secreta de la gentilidad: donde debaxo de historias fabulosas, se contiene mucha doctrina, prouechosa, a todos estudios* (Zaragoza: Miguel Fortuño Sánchez impresor, 1599), p. 85vº.

[236] Juan Cristóbal Calvete de Estrella, *El felicissimo viaje d'el... Principe don Phelippe, hijo d'el Emperador don Carlos Quinto Maximo, desde España à... Alemaña, con la descripcion de... Brabante y Flandes : escrito en quatro libros* (Amberes: en casa de Martin Nucio, 1552).

[237] Antonio Gallego Morell, *El mito de Faeton en la literatura española* (Consejo Superior de Investigaciones Científicas, 1961).

brazo de mar que aluden directamente a la unión de Inglaterra y los Países Bajos.

El motivo identifica a Apolo/Helios según la tradición helenística. A juicio de Sagrario López Poza, el autor idea una empresa que afirma el poder real, el soberano se asimila al sol guiando su carro. Además, responde al emblema lunar de Enrique II, afirmando su superioridad sobre el soberano Valois, pues la luna se llena con la luz del sol. La mención a Faetón la encontramos más adelante: Giovanni Battista Pittoni en colaboración con Lodovico Dolce publicó el motivo de la medalla como emblema en su *Imprese di diversi prencipi, dvchi, signori, e d'altri personaggi et hvomini letterati et illvstri: con alcune stanze del Dolce che dichiarano i motti di esse imprese* (Venecia, 1562), donde junto a la imagen figura un poema que explica su significado, del que extraemos dos versos: "Illustra tutto a pocco a pocco il mondo / Su'l carro, che si mal resse Fetonte" [ilumina el mundo poco a poco / Sobre el carro mal guiado por Faetón]. El rey es el buen guía, el único capaz de conducir a la cristiandad a la unión y la verdad[238].

Finalmente, la idea de Felipe/Apolo la popularizará Jeronimo Ruscelli cuyo análisis nos aproxima bastante al contexto de creación de El Escorial y la fijación de Madrid como sede de la Corte. El autor dedicó su obra al rey. En el capítulo "Filippo D'Austria, secondo di Spagna" indica que el emblema y su significado fueron concebidos personalmente por el rey, quien, como el sol, ilumina las cosas superiores, liberando al mundo de las tinieblas (como expresa el motto "Iam illustrabit omnia"); su guía servirá para restaurar el orden del mundo. La imagen y el emblema, además de sus obvios significados paganos, contenían alusiones bíblicas, al salmo 33 del profeta David y al capítulo 40 del profeta Isaías, estableciendo un paralelo con la

---

[238] Sagrario López Poza, «"Divisa de Felipe II de España: IAM ILLUSTRABIT OMNIA"», en *Symbola: divisas o empresas históricas* (A Coruña: BIDISO (Biblioteca Digital Siglo de Oro), 2017).

restauración de Jerusalén después de la cautividad babilónica[239]. La explicación de Ruscelli parece confusa, pero menciona que el emblema del carro de Apolo/Helios pudo ser elaborado en el contexto de la Paz de Cateau Cambrésis, vinculando paz, restauración del orden y unidad de la cristiandad a la supremacía del poder de Felipe II. Algo que el soberano no se limitó a imaginar para sus medallas y emblemas, también lo ejecutó por la vía de los hechos.

---

[239] Girolamo Ruscelli, *Le imprese illvstri con espositioni, et discorsi* (Venezia: Francesco Patritio, 1566), pp. 233-40.

Fuentes

IMPRESAS

EA. *Epistolario del III duque de Alba don Fernando Álvarez de Toledo*. (Madrid: Diana 1952). 3 vols.

CD.CV. *Corpus Documental de Carlos V*, ed. Manuel Fernández Álvarez, (Salamanca: Universidad 1973-1981). 5 vols.

CODOIN. *Colección de documentos inéditos para la historia de España* (Madrid: Viuda de Calero 1842-1896). 112 volúmenes.

MHSI. *Monumenta Historica Societatis Iesu* (Roma: Instituto Histórico de la Compañía de Jesús 1894-2005). 157 volúmenes.

MANUSCRITAS

AHN. Archivo histórico nacional

AGS. Archivo general de Simancas

ASV-FAG. Archivio di Stato di Vercelli

AZ. Archivo Zabalburu/ Fundación Heredia Spínola

BNE. Biblioteca Nacional de España

BRT. Biblioteca Real de Turín

Bibliografía

Alberi, Eugenio, *Relazioni degli Ambasciatori Veneti al Senato durante il secolo decimosesto* (Firenze: Tipografia e calcografia all'insegna di Clio).

Alciato, Andrea, *Il libro degli emblemi. Secondo le edizioni del 1531 e del 1534*, ed. Mino Gabrielle (Milano: Adelphi, 2009).

Alunno da Ferrara, Francesco, *La fabbrica del mondo. Nella quale si contengono tutte le voci di Dante, del Petrarca, del Boccaccio e di altri buoni autori con la dichiarationi di quelle et con le sue interpretatione latine* (Venezia: Pavolo Gherardo, 1548).

Amabile, Luigi, *Il Santo Officio della Inquisizioni in Napoli* (Città di Castello, 1892).

Aretino, Pietro, *Lettere*, ed. P. Procaccioli (Milano: BLUR, 1990).

Augustijn, Cornelis, *Erasmo de Rotterdam. Vida y obra* (Barcelona: Galaxia Gutemberg, 1990).

Backus, Irena, *Reformation Readings of the Apocalypse: Geneva, Zurich, and Wittenberg* (Oxford: Oxford University Press, 2000)

Bagnatori, Giuseppe, «Cartas inéditas de Alfonso de Valdés sobre la Dieta de Augsburgo», *Bulletin Hispanique*, 57.4 (1955), 353-74 <https://doi.org/10.3406/hispa.1955.3451>

Bartoli, Daniello, *Istoria della Compagni di Gesù dell'Italia*, ed. Marino Biondi (Firenze: Ponte alle Grazie, 1994).

Bataillon, Marcel, *Erasmo y España* (México: Fondo de Cultura Económica, 1976).

Bazzano, Nicoletta, *Marco Antonio Colonna* (Napoli: Salerno, 2003)

Bonora, Elena, *Aspettando l'imperatore* (Milano: EINAUDI, 2014), XXV.

Bornate, Carlo, «Historia vitae et gestorum per dominum magnum canellarium, con note, aggiunte e docu- menti», *Miscelanea di Storia Italiana*, 48 (1915), 233-558.

———, «L'apogeo della casa di Absburgo e l'opera politica di un gran Cancellere di Carlo V», *Nuova rivista storica*, III.3-4 (1919), 396-439.

Bosbach, Franz, *Monarchia universalis: Storia di un concetto cardine della politica europea (secoli XVI-XVIII)* (Milano: Vita e Pensiero, 1998).

Brady, Thomas A., *German Histories in the Age of Reformations, 1400-1650* (Cambridge: Cambridge University Press, 2009).

Brandi, Karl, *Carlos V: vida y fortuna de una personalidad y de un imperio mundial* (Fondo de Cultura Económica, 1993).

Bühler, Curt F., «Observations on the 1562 Editions of Cardinal Reginald Pole's "De Concilio and Reformatio Angliae"», *Studies in Bibliography*, 26 (1973), 232-34.

Caballero, Fermín, *Alfonso y Juan de Valdés. Conquenses ilustres, tomo IV* (Madrid: Oficina tipográfica del hospicio, 1875).

Cabrera de Córdoba, Luis, *Historia de Felipe II, Rey de España*, ed. Carlos Javier de Carlos Morales y José Martínez Millán (Valladolid: Junta de Castilla y León, 1998).

Cadenas y Vicent, Vicente de, «Discurso de Carlos V en Roma en 1536» (Madrid: CSIC-Instituto Salazar y Castro, 1982).

———, *La República de Siena y su anexión a la corona de España* (Madrid: Consejo Superior de Investigaciones Cientificas, 1985).

Caglioti, Francesco, «Il "San Giovannino" mediceo di Michelangelo, da Firenze a Úbeda», *Prospettiva*, 145 (2012), 2-81.

Calvete de Estrella, Juan Cristóbal, *El felicissimo viaje d'el... Principe don Phelippe, hijo d'el Emperador don Carlos Quinto Maximo, desde España à... Alemaña, con la descripcion de... Brabante y Flandes : escrito en quatro libros* (Amberes: en casa de Martin Nucio, 1552).

Caravale, Mario, y Alberto Caracciolo, *Storia d'Italia volume XIV: Lo Stato pontificio da Martino V a Pio IX* (Torino: UTET, 1976).

Carozzi, Claude, *Visiones apocalípticas en la edad media: El fin del mundo y la salvación del alma* (Madrid: Siglo Veintiuno de España, 2000).

Carroll, Linda L, «The Peasant as Imperialist: An Unpublished canzone in Ruzantine Style», *Italica*, 70.2 (1993).

Cascione, Giuseppe, «Filosofia e comunicazione politica nell'Europa di Carlo V: Erasmo, Alciato, l'emblematica», en *The Italian Emblem*, ed. Donato Mansueto (Glasgow: Glasgow University Press, 2007), pp. 93-114.

Cassell, Anthony Kimber, Guido Vernani, y Dante Alighieri, *The Monarchia controversy : an historical study with accompanying translations of Dante Alighieri's Monarchia, Guido Vernani's Refutation of the Monarchia composed by Dante and Pope John XXII's bull, Si fratrum* (Chicago: The Catholic University of America Press, 2004).

Chabod, Federico, «Usi e abusi nell'Amministrazione dello Stato di Milano a mezzo il '500», en *Studi storici in onore di Gioacchino Volpe* (Firenze: Olschki, 1958), pp. 95-194.

Chastel, André, *El Saco de Roma: 1527* (Madrid: Espasa-Calpe, 1998).

Chudoba, Bohdan, *España y el Imperio (1519-1643)* (Madrid: Sarpe, 1986).

Claretta, Gaudenzio, «Notizie per servire alla vita del Gran Cancelliere di Carlo V Mercurino di Gattinara», *Memorie della Reale Accademia delle Scienze di Torino*, 47 (1897), 67-147.

Crews, Daniel A, «De armas y letras: el cursus honorum de Juan de Valdés», en *Actas del XIII Congreso de la Asociación Internacional de Hispanistas : Madrid, 6-11 de julio de 1998. Tomo IV. Historia y sociedad. Literatura comparada y otros estudios*, ed. Florencio Sevilla y Manuel Alvar (Madrid: Castalia, 2000), pp. 79-86.

―――, *Twilight of the Renaissance* (Toronto: University of Toronto Press, 2008).

Croce, Benedetto, «Un dialogo tra Giulia Gonzaga e Giovanni di Valdes», *La Critica. Rivista di Letteratura, Storia e Filosofia*, 35 (1937), 385-94.

Crouzet, Denis, *Charles Quint. Empereur d'une fin des temps* (Paris: Odile Jacob, 2017).

D'Amico, Juan Carlos, *Charles Quint maître du monde* (Caen: Presses Universitaires de Caen, 2005).

―――, «L'Empire Romain et la traslatio imperii dans le De Formula Romanii Imperii d'André Alciat», en *André Alciat (1492-1550) : un humaniste au confluent des savoirs dans l'Europe de la Renaissance.* (Turnhout: Brepols Publishers, 2013), pp. 177-94.

Döllinger, J.J., ed., *Dokumente zur Geschichte Karl's V., Philipp's II. und ihrer Zeit. Aus spanischen Archiven* (Regensburg: Manz, 1862).

Drysdall, Dennys, «Review: The Italian Emblem: A Collection of Essays by Donato Mansueto, Elena Laura Calogero», *Renaissance Quarterly*, 61.4 (2008), 1263-65.

Duruy, Georges, *Le cardinal Carlo Caraffa (1519-1561)* (Paris, 1882).

Edwards, John, *Archbishop Pole* (London: Ashgate, 2014).

Elvy, Peter, «A Tale of Two Sitters: Juan and Alfonso de Valdés», *Bulletin for Spanish and Portuguese Historical Studies Journal of the Association for Spanish and Portuguese Historical Studies*, 40.1 (2015) <https://doi.org/10.26431/0739-182X.1201>

Erasmo de Rotterdam, *Opus Epistolarum / The complete letters of Erasmus*, ed. Stanford Allen (Oxford: Clarendon Press, 1906).

Escudero, José Antonio, *Las Secretarios de estado y del despacho: 1474-1724* (Madrid: Instituto de Estudios Administrativos, 1976).

Fenlon, Dermot, *Heresy and obedience in Tridentine Italy; Cardinal Pole and the counter reformation.* (Cambridge: Cambridge University Press, 1972)

Fichtner, Paula S., «Dynastic Marriage in Sexteenth Century Habsburg Diplomacy and Statecraft: An Interdisciplinary Approach», *The American Historical Review*, 81.2 (1976), 243-65.

Firpo, Massimo, *Entre alumbrados y espirituales*, ed. Daniela Bergonzi y José Ignacio Tellechea Idígoras (Madrid: Fundación universitaria española y Universidad Pontificia de Salamanca, 2000).

———, «Sulla legazione di pace di Reginald Pole», *Rivista storica italiana*, XCIII.3 (1981), 821-37.

Fontán, Antonio, y Jerzy Axer, *Españoles y polacos en la Corte de Carlos V* (Madrid: Alianza Editorial, 1994).

Forell, George Wolfgang, «Justification and Eschatology in Luther's Thought», *Church History*, 38.2 (1969), 164-74 <https://doi.org/10.2307/3162704>

Galasso, Giuseppe, «Lettura dantesca e lettura umanistica nell'idea di impero del Gattinara», en *Carlos V y la quiebra del humanismo político en Europa (1530-1558) : [Congreso internacional, Madrid 3-6 de julio de 2000]*, ed. José Martinez Millan (Madrid: Sociedad Estatal de Conmemoraciones Culturales, 2000), pp. 93-114.

Gallego Morell, Antonio, *El mito de Faeton en la literatura española* (Consejo Superior de Investigaciones Científicas, 1961).

García-Villoslada, Ricardo, *San Ignacio de Loyola: nueva biografía* (Madrid: Biblioteca de Autores Cristianos, 1986).

Le Glay, Andre Joseph Ghislain, *Negociations diplomatiques entre la France et l'Autriche durant les trente premieres annees du XVI. siecle* (Paris: Imprimerie Royale, 1845).

Gonzalez Palencia, Angel, y Eugenio Mele, *Vida y obras de Diego Hurtado de Mendoza* (Madrid: Consejo Superior de Investigaciones Cientificas, 1941).

Gruber, Teresa María, «"El diálogo de la lengua" y la comunicación en el reino de Nápoles», *Cuatrocientos años de la lengua del Quijote: estudios de historiografía e historia de la lengua española*: *Actas del V Congreso Nacional de la Asociación de Jóvenes Investigadores de Historiografía e Historia de la Lengua Española (Sevilla, 31 de marzo, 1* (Universidad de Sevilla, 2007), pp. 279-90.

Gutiérrez, Constancio, *Trento, un problema: la ultima convocación del Concilio (1552-1562)* (Madrid: Universidad Pontificia Comillas, 1995).

Haan, Bertrand, *Une paix pour l'éternité la négociation du traité du Cateau-Cambrésis* (Madrid: Casa de Velázquez, 2010).

Haberken, Phillip, «Prophetic rebellions. Radical urban theopolitics in the era of Reformations», en *The Routledge History Handbook of Medieval Revolt* (New York: Routledge, 2017), pp. 349-69.

Headley, John M., «Gattinara, Erasmus, and the Imperial Configurations of Humanism», *Archiv fur Reformationsgeschichte*, 71.jg (1980), 64-98 <https://doi.org/10.14315/arg-1980-jg04>

———, «Germany, the Empire and Monarchia in the Thought and Policy of Gattinara», en *Das römisch-deutsche Reich im politischen System Karls V.* (De Gruyter, 2019), pp. 15-34 <https://doi.org/10.1515/9783110446319-005>

Hernando Sánchez, Carlos José, *Castilla y napoles en el siglo XVI: el virrey Pedro de Toledo* (Valladolid: Junta de Castilla y León, 1994).

Herrera y Tordesillas, Antonio de, *Historia general de los hechos de los castellanos en las islas i tierra firme del mar oceano* (Madrid: Imprenta Real, 1625).

Herrero, Ana Vian, *El diálogo de lactancio y un arcidiano de Alfonso de Valdés: obra de circunstancias y diálogo literario: Roma en el banquillo de dios* (Toulouse: Presses Univ. du Mirail, 1994).

Hinojosa, Ricardo de, *Felipe II y el cónclave de 1559,* (Madrid: Tip. de M. Ginés Hernández, 1889).

———, *Los despachos de la diplomacia pontificia en España* (Madrid, 1896).

Hirst, Michael, «Sebastiano's Pietà for the Commendador Mayor», *The Burlington Magazine*, 114.834 (1972), 585-95.

Homza, Lu Ann, «Erasmus as Hero, or Heretic? Spanish Humanism and the Valladolid Assembly of 1527», *Renaissance Quarterly (Renaissance Soc. of America, New York)*, 50.1 (1997).

Jedin, Hubert, «Origen y penetración de la reforma católica hasta 1563», en *Reforma protestante, reforma católica y contrarreforma*, ed. Hubert Jedin (Barcelona: Herder, 1986), pp. 626-79.

Keniston, Hayward, *Francisco de los Cobos, secretario de Carlos V* (Madrid: Castalia, 1980).

Kleinschmidt, Harald, *Ruling the Waves: Emperor Maximilian I, the Search for Islands and the Transformation of the European World Picture C. 1500* (Leiden: Brill, 2008).

Kohler, Alfred, *Carlos V: 1500-1558, una biografía* (Marcial Pons, 2000).

———, «El "viaje de sucesión" de Felipe II al Sacro Romano Imperio», en *Felipe II (1527-1598). Europa y la Monarquía Católica. Vol. I, 1.*, ed. José Martínez Millán (Madrid: Parteluz, 1998), pp. 463-70.

Lacouture, Jean, *Jesuitas. 1: Los conquistadores* (Barcelona: Paidós, 2006).

León Azcárate, Juan Luis de, «El "Libro de las Profecías" (1504) de Cristobal Colón: la Biblia y el descubrimiento de América», *Religión y cultura* (Padres Agustinos, 2007), pp. 360-406.

Leva, Giuseppe de, *Storia Documentata di Carlo V in correlazione all'Italia* (Padova: Naratovich, 1875).

Loades, David, *The reign of Philip and Mary* (Oxford: Davenant, 2001).

———, *Tudor Queens of England* (London: Continuum, 2009).

Loades, David, y Eamon Duffy, *The Church of Mary Tudor* (Aldershot: Ashgate Publishing, Ltd., 2006).

López Poza, Sagrario, «"Divisa de Felipe II de España: IAM ILLUSTRABIT OMNIA"», en *Symbola: divisas o empresas históricas* (A Coruña: BIDISO (Biblioteca Digital Siglo de Oro), 2017).

Lutero, Martín, *Escritos políticos*, ed. Joaquín Abellán (Madrid: Tecnos, 1986).

Lutz, Heinrich, «Carlo V e il Concilio di Trento», en *Il Concilio di Trento come crocevia della politica europea*, ed. Paolo Prodi (Bologna: Il Mulino, 1979), pp. 40-43.

Maltby, William S., *El gran Duque de Alba : un siglo de España y de Europa, 1507-1582* (Madrid: Turner, 1985).

Maquiavelo, Nicolás, *Discursos, sobre la primera década de Tito Livio* (Madrid: Alianza Editorial, 1987).

———, *Epistolario, 1512-1527*, ed. Stella Mastrangelo (Mexico: Fondo de Cultura Económica, 1990).

Marchal, François J.F., *Histoire politique du règne de l'empereur Charles-Quint avec un résumé des événements précurseurs depuis le mariage de Maximilien d'Autriche et de Marie de Bourgogne* (Bruxelles: Tarlier, 1856).

Martin, John Jeffries, *A Beautiful Ending: The Apocalyptic Imagination and the Making of the Modern World* (New Haven & London: Yale University Press, 2022).

Martínez Millán, José, y Manuel Rivero Rodríguez, «La coronación imperial de Bolonia y el final de la "vía flamenca" (1526-1530)» (Sociedad Estatal para la Conmemoración de los Centenarios de Felipe II y Carlos V, 2001) <https://repositorio.uam.es/handle/10486/1100> [accedido 15 marzo 2016].

McCoog, Thomas M., «Ignatius Loyola and Reginald Pole: A Reconsideration», *The Journal of Ecclesiastical History*, 47.02 (1996), 257-73 <https://doi.org/10.1017/S0022046900012860>

Ménissier, Thierry, «Monarchia de Dante : de l'idée médiévale d'empire à la citoyenneté universelle» (L'Harmattan, 2006), pp. 81-96.

Milhou, Alain, *Colón y su mentalidad mesiánica: en el ambiente franciscanista español* (Sevilla: Casa-Museo de Colón, 1983).

Morcillo Expósito, Guadalupe, «Faetón: antes y después de Ovidio», *Anuario de estudios filológicos*, 30 (2007), 269-80.

Morel-Fatio, Alfred, «L'espagnol langue universelle», *Bulletin Hispanique*, 15.2 (1913), 207-25.

Navarro Durán, Rosa, «El Príncipe y el Cristiano en los diálogos de Alfonso de Valdés», en *Los Valdés. Pensamiento y literatura* (Cuenca: Ayuntamiento de Cuenca, 1997), p. 154.

Navenne, F. de, «Pier Luigi Farnese», *Revue Historique*, 78 (1902), 8-44.

Nieremberg, Juan Eusebio, *Vida del Santo padre... El B. Francisco de Borja, tercero general de la compañia de Jesus... Van añadidas sus obras, que no estavan impressas antes, por el P. Juan Eusebio Nieremberg,...* (Madrid: por Maria de Quiñones, 1644).

Nieto, José Constantino, *Juan de Valdés y los orígenes de la Reforma en España e Italia* (México; Madrid; Buenos Aires: Fondo de cultura econimica, 1979).

O'Malley, John W., *The Jesuits, St. Ignatius, and the Counter Reformation Some Recent Studies and Their Implications for Today* (Saint Louis Missouri: American Assistancy Seminar on Jesuit Spirituality, 1982).

Oesterreicher, Wulf, «Plurilingüismo en el Reino de Nápoles (siglos XVI y XVII)», *Lexis: Revista de lingüística y literatura* (Departamento de Humanidades, 2004), 217-57.

Outram Evenett, H., *The spirit of Counterreformation* (Cambridge: Cambridge University Press, 1968).

Overell, Anne, «Pole's Piety? The Devotional Reading of Reginald Pole and his Friends», *The Journal of Ecclesiastical History*,

63.03 (2012), 458-74
<https://doi.org/10.1017/S0022046910001168>

Parker, Geoffrey, *Felipe II : la biografia definitiva* (Barcelona: Planeta, 2010).

Pastor, Ludwig Freiherr Von, *History of the Popes from the close of the Middle Ages* (London: Kegan Paul, Trench, Trubner & Co., LTD., 1938).

Pedio, Tommaso, *Napoli e Spagna nella prima metà del Cinquecento* (Roma-Bari: Laterza, 1971).

Pérez de Moya, Juan, *Philosophia secreta de la gentilidad: donde debaxo de historias fabulosas, se contiene mucha doctrina, prouechosa, a todos estudios* (Zaragoza: Miguel Fortuño Sánchez impresor, 1599).

Pogson, Rex H., «Reginald Pole and the Priorities of Government in Mary Tudor's Church», *The Historical Journal*, 18.01 (1975), 3-20 <https://doi.org/10.1017/S0018246X00008645>

Pole, Reginald, *The Correspondence of Reginald Pole*, ed. Tomas A. Mayer (New York: Taylor & Francis Group, 2004).

Porter, Linda, *Mary Tudor: The First Queen* (London: Hachette Digital, 2010).

Rebecchini, Guido, «Castiglione and Erasmus: Towards a Reconciliation?», *Journal of the Warburg and Courtauld Institutes*, 61 (1998), 258-60.

Redworth, Glyn, «"Matters Impertinent to Women": Male and Female Monarchy under Philip and Mary», *The English Historical Review*, CXII.447 (1997), 597-613 <https://doi.org/10.1093/ehr/CXII.447.597>

Reeves, Marjorie, «Joachimist influences on the idea of a last World Emperor», *Traditio*, 17 (1961), 323-70.

Reinhard, Wolfgang, «Amici e creature: Politische Mikrogeschichte der römischen Kurie im 17 Jahrhundert», *Quellen und Forschungen aus italienischen Archiven und Bibliotheken*, 76 (1996), 308-33.

Richards, Judith M., «Mary Tudor as "Sole Queen"?: Gendering Tudor Monarchy», *The Historical Journal*, 40.4 (1997), 895-924.

———, «"To Promote a Woman to Beare Rule": Talking of Queens in Mid-Tudor England», *The Sixteenth Century Journal*, 28.1 (1997), 101-21.

Rivero Rodríguez, Manuel, *Felipe II y el gobierno en Italia* (Madrid España: Sociedad Estatal para la Conmemoración de los Centenarios de Felipe II y Carlos V, 1998).

———, *Gattinara, Carlos V y el sueño del Imperio* (Madrid: Silex Ediciones, 2005).

———, «La Inquisición española en Sicilia (siglos XVI-XVIII)», en *Historia de la Inquisición en España y America (vol. III)*, ed. Bartolomé Escandell y Joaquín Pérez Villanueva (Madrid: Biblioteca de Autores Cristianos, 2000), pp. 1031-1222.

Rodríguez-Salgado, María José, *Un imperio en transición: Carlos V, Felipe II y su mundo, 1551-1559* (Barcelona: Crítica, 1992).

Rubenstein, Jay, *Nebuchadnezzar's Dream: The Crusades, Apocalyptic Prophecy and the End of History* (Oxford: Oxford University Press, 2019).

Ruscelli, Girolamo, *Le imprese illvstri con espositioni, et discorsi* (Venezia: Francesco Patritio, 1566).

Sandoval, Prudencio de, *Historia de la vida y hechos del emperador Carlos V*, Madrid (Madrid: Ed. Atlas, 1955).

Serassi, Pier Antonio, *Delle lettere del conte Baldessar Castiglione* (Padova: Giuseppe Comino, 1771).

Shoemaker, Stephen J., *The Apocalypse of Empire. Imperial Eschatology in Late Antiquity and Early Islam* (Philadelphia: University of Pennsylvania Press, 2018).

Signorotto, Gianvittorio, «Note sulla politica e la diplomazia dei pontefici (da Paolo III a Pio IV)», en *Carlo V e l'Italia*, ed. Cesare Mozzarelli (Roma: Bulzoni, 2000), pp. 47-76.

Simoncelli, Paolo, *Il caso Reginald Pole: eresia e santità nelle polemiche religiose del secolo XVI* (Roma: Edizioni di storia e letteratura, 1977).

———, «Nei labirinti della Controriforma», *Rivista Storica Italiana*, CV.3 (1993), 718-29.

Spivakovsky, Erika, «El vicariato de Siena. Correspondencia de Felipe II, príncipe, con Diego Hurtado de Mendoza y Ferrante Gonzaga», *Hispania*, XXVI.104 (1966), 583-91.

Tellechea Idígoras, José Ignacio, *El arzobispo Carranza «Tiempos Recios»* (Salamanca: Universidad Pontificia de Salamanca, 2003).

———, *Paulo IV y Carlos V: la renuncia del imperio a debate* (Madrid: Fundación Universitaria Española, 2001).

Tubau, Xavier, «Alfonso de Valdés y la política imperial del canciller Gattinara», *Studia Aurea Monográfica*, 1 (2010), 17-45.

Valdés, Juan de, *Diálogo de la lengua*, ed. Cristina Barbolani (Madrid: Castalia, 1982).

Vicchi, Leone, *Marcantonio Colonna (1535 - 1484) : per le nozze di Ortensia Brin* (Firenze, 1890).

Visceglia, Maria Antonietta, «"Farsi imperiale": faide familiari e identità politiche a Roma nel primo Cinquecento», en *L'Italia di Carlo V Guerra, religione e politica nel primo Cinquecento: atti del convegno internazionale di studi, Roma, 5-7 aprile 2001*, ed. Francesca Cantù (Roma: Viella, 2003), pp. 477-508.

———, «Il viaggio cerimoniale di Carlo V dopo Tunisi», en *Carlos V y la quiebra del humanismo político en Europa (1530-1558) : [Congreso internacional, Madrid 3-6 de julio de 2000]*, ed. José Martínez Millán (Madrid: Sociedad Estatal para la Conmemoración de los Centenarios de Felipe II y Carlos V, 2001), pp. 133-72.

———, *Morte e elezione del papa norme, riti e conflitti : l'età moderna* (Roma: Viella, 2013).

Walser, Fritz, *Die spanischen Zentralbehörden und der Staatsrat Karls v: Grundlagen und Aufbau bis aum Tode Gattinaras, Issue 43* (Göttingen: Vandenhoeck & Ruprecht, 1959).

Zancarini, Jean-Claude, «" Questa miseranda tragedia ". Le sac de Rome, la providence, la politique», *Cahiers d'études italiennes 19*, 19 (2014), 111-25.

Zeller, Gaston, «Les rois de France candidats à l' Empire», en *Aspects de la politique française sous l'ancien régime* (Paris: PUF, 1964).

Otros títulos de la Colección "Síntesis"

12. KAGAN, Richard L.- **El Rey recatado. Felipe II, la historia y los cronistas del Rey.** 108 págs. (Ref. 9319) (ISBN 84-8448-274-X)   Agotado

13. BENNASSAR, Bartolomé.- **«Confesionalización» de la monarquía e inquisición en la época de Felipe II.** 44 págs. (Ref. 9372) (ISBN 978-84-8448-514-8)   9,20 €

MARCOS MARTÍN, Alberto y BELLOSO MARTÍN, Carlos (Coord.).- **Felipe II y la Monarquía de España.** Estudios de la Cátedra "Felipe II". Recopilatorio de los volúmenes I a XII en CD-ROM. (Ref. 9377) (ISBN 978-84-8448-533-9)   13,45 €

14. BOUZA, Fernando.- **Felipe II y el Portugal Dos Povos. Imágenes de esperanza y revuelta.** Prólogo de Nuno Gonçalo Monteiro. 102 págs. (ISBN 978-84-8448-597-1)   9,52 €

15. RUIZ IBÁÑEZ, José Javier.- **Laberintos de hegemonía. La presencia militar de la Monarquía Hispánica en Francia a finales del siglo XVI.** Prólogo de Carlos Belloso Martín. 128 págs. (ISBN 978-84-8448-721-0)   9,62 €

16. CARDIM, Pedro.- **Portugal unido y separado. Felipe II, la unión de territorios y el debate sobre la condición política del Reino de Portugal.** Prólogo de Jean-Frédéric Schaub. 290 págs. (ISBN 978-84-8448773-9)   12,02 €

17. SORIA MESA, Enrique.- **La realidad tras el espejo. Ascenso social y limpieza de sangre en la España de Felipe II.** Prólogo de Teófanes Egido. 138 págs. (ISBN 978-84-8448-868-2   11,54 €

18. CHECA CREMADES, Fernando.- **Renacimiento Habsbúrgico. Felipe II y las imágenes artísticas.** Prólogo de Miguel Ángel Zalama. 204 págs. (ISBN: 978-84-8448-950-4)   14,42 €

19. RODRÍGUEZ DE DIEGO, José Luis.- **Memoria escrita de la monarquía Hispánica. Felipe II y Simancas.** Prólogo de Diego Navarro Bonilla. 236 págs. (ISBN 978-84-8448-963-4)   14,42 €

MARCOS MARTÍN, Alberto y BELLOSO MARTÍN, Carlos (Eds.).- **Estudios de la Cátedra "Felipe II" en su 50 aniversario.** 596 págs. (ISBN 978-84-1320-075-0)   40,00 €

20. SANZ AYÁN, Carmen.- **Éxitos y fracasos de una nobleza efímera: Nicolao Grimaldo, el gran banquero de Felipe II.** Prólogo de Isabella Iannuzzi. 174 págs. (ISBN 978-84-1320-220-4)   15,39 €

21. CÁMARA MUÑOZ, Alicia.- **Grandeza de poder y saber. Felipe II y sus ingenieros.** Prólogo de Carlos Belloso Martín. 200 págs.
(ISBN: 978-84-1320-227-3)   11,54 €